読みなおす日本史

正倉院

歴史と宝物

杉本一樹

吉川弘文館

はじめに

この本を、ひとつの場所の物語として記してみたい。

さまざまな源流をもつ品々が、正倉院宝物という一つのまとまりとして成立している。その核心に位置し、求心力の由来となっているものは何か。それは、「正倉院という場所」をおいてはあり得ない、というのが私の考えである。この場所で行われてきた営みそのものが、過去から現在に至る「宝物の保存」の内容であり、それは「正倉院の歴史」とほぼ同義なのだ。

偶々、という表現が適切かどうかわからないが、この東大寺・正倉院は、歴史上の重要人物が去来した場所でもある。聖武《しょうむ》天皇が愛用し光明《こうみょう》皇后が大仏に献じた品を、藤原道長、後白河法皇、平清盛、足利義満、足利義政、織田信長、明治天皇がそれぞれ時を隔てて訪れ、見ている。徳川家康・徳川綱吉は、宝庫の修理を命じ、宝物保存のための容器を寄進している。大久保利通は、殖産興業のため古裂《こぎれ》の頒布活用を提言し、伊藤博文は宝物の公開・保存の両立を図って宝庫内にガラス戸棚を設置した。

これら歴史に名を残した人物が等しく関心を向けた正倉院。そこには、注目を集めるだけの力があったということである。

その力の一部は、自然環境、立地、巨大な木造建築など、初発の時点で所与の条件としてあった。しかし、マイナス要因が相対的に少なかったとはいえ、歴史をふり返れば、それだけで今の正倉院がありえなかったことは明白である。そこに人間の関わりが加わって初めて、正倉院の「保存力」が生まれることになった。その人間とは――先の訪問者もその分担者であるが――、この場所を見守り続けた多くの先人である。そうでなければ、点がつながって、途切れない一本の線にはならなかった。

この場所で伝えられたものが残り、失われたものは、ここから外に出て消えた。それが「場所の力」だと思う。その一端を、今というパートを受け持つ立場で記したのが本書である。

目 次

写真は記載のないものは正倉院による

第1章　正倉院とは何か？

二〇〇六年二月の末、私はインド・ニューデリー近郊の、インディラ・ガンジー国際空港に降り立った。東京大学の石上英一教授のお薦めがあり、日本でも有名な聖地バラーナシー（独立前はベナレスと呼ばれた）にある名門ベナレス・ヒンズー大学で開催される国際セミナー「INDIA ON THE SILK ROAD」に参加するためである。関西国際空港からタイ・バンコク経由でインドに到着したときには、長かった一日の日付が変わろうとしていた。建物から外へ足を踏み出したとたん、熱気と喧《けん》噪《そう》、灯《あか》りに照らされたさまざまなものの姿、土ぼこりのにおいなどが、五感への圧力となって覆いかぶさってきた。

このセミナーには、インド国内を中心に、日本・中国・ベルギー・フランスからの参加者が予定されていた（中国は結局不参加）。内容も、私の狭いシルクロード観を大いに広げるものであった。初日に石上教授による、東大寺《とうだいじ》の創建および正倉院文書《しょうそういんもんじょ》をテーマとした基調講演があり、二日目に私の担当することになっていたパートが、正倉院の概要説明であった。国外で、正倉院にテーマを絞った講演が行われた例は、ごく稀《まれ》ではなかろうか。英訳を前提にしており、まずは分かりやすいことを目標において和文の草稿を執筆した。ただし、古代日本の国際的環境、国家成立に至る道筋、仏教の受容等の概要といった論点は、基調講演のなかで言及されていたため重複を避け、代わりに正倉院とインドの関わりにふれた。

最初に、このときの材料をもとに正倉院のあらましを説明しよう。

一　シルクロードと正倉院

正倉院は、日本の八世紀の歴史・文化を体現する存在として、国内では当然のことながらよく知られている。小学校にはじまって、学校の教科書には、必ず正倉院にふれた記述がみられる。毎年恒例となっている、博物館での展覧会「正倉院展」には、二週間あまりの短い期間にもかかわらず、多くの観衆が訪れる。

しかし、率直にいって、日本以外ではその認知度は一般に高いとはいえない。直接には、正倉院の歴史と現状について、適切に紹介する機会があまり多くなかったことが原因である。また別の理由としては、日本が文化交流の大きな流れであるシルクロードの最東端に位置していることもある。ユーラシア大陸と周辺の大洋とをルートとする巨大なシルクロードの地図のなかで日本の場所を探すと、そこが東方の周縁地域にあたっていることがよくわかる。われわれが自国の文化の源流を考える際には、シルクロード全体を考えなくてはならない。逆に、シルクロードの概要は、日本の文物を考慮しなくても、大きく全体像がゆがむことはないからである。しかし、すでに優れた東洋学研究者が着目しているように、正倉院の存在がシルクロード文化という抽象的な概念に、精彩に富むディテールを加えることは確実である。

二　正倉院とは何か？——言葉の意味と現存の建物

正倉院

正倉院は日本の古都、奈良にある。奈良は、八世紀の終わりまでは天皇の宮都、平城宮《へいじょうきゅう》が置かれ、日本の中心であった。大阪・京都といった大きな都市から近く、現在も、関西地方という同一の文化圏に属している。

正倉院は、この奈良、東大寺の旧境内に位置する。現在は、国の機関として宮内庁《くないちょう》のもとに「正倉院事務所」が設置されており、私はここに所属している。つまり、私の過ごす日常においては、東大寺とは互いに別の組織——いわば「東大寺と正倉院」である。しかし、歴史的にみれば、正倉院は「東大寺の正倉院」として成立したのである。有名な大仏（盧舎那仏《るしやなぶつ》）を中心とする大仏殿（金堂）院の北西辺は、そのまま現在の正倉院の敷地に接し、大仏と正倉との隔たりは、直線距離で約三〇〇《メートル》にすぎない。

語義のままに述べるなら、正倉院の中心となるのは、第一に、この建造物、すなわち倉庫としての「正倉」である。

八世紀当時は、全国の官庁や大きな寺院には、それぞれ重要な物品を収める「正倉」が設置されていた。「正」には、「重要な」「中心となる」、といった意味が込められている。八世紀なかば、東大寺が日本のもっとも中心的な寺院（日本国総国分寺《そうこくぶんじ》）として創建されたとき、その寺格にふさわしい収蔵施設建設の構想も含まれていた。こうして建てられた倉庫群のなかの、おそらくその中心となる一棟が、現存する「正倉院の正倉」である。「院」の字は、ここが、複数の正倉とその管理施設が一体になった区画であったことを示している。

しかし、第二の観点として、正倉が本来倉庫であるとすれば、それ自身の価値以上に、それが収蔵し、守り伝えてきた中身の価値こそが、中心に据えられねばならない、ともいえる。この中身というのが、正倉院宝物《ほうもつ》である。日本国の国有財産であるが、文化財保護法に定める国宝とは別の範疇《はんちゅう》に属する。宮内庁が保管し、正倉院事務所が日常の保存・管理の任にあたっている。

しかし、この二つの観点は、優劣を競うものではない。むしろ収蔵施設と内容物が一体となり、人々の不断の努力によって守られてきたことに最大の価値を見出すべきであろう。このより高次の観点から、正倉は「宝庫」とも通称される。

「正倉」「正倉院」という語は、本来は普通名詞だった。しかし、いまこの言葉は、世界でただ一つのものを指し示す固有名詞に変化した。ほかの「正倉院」が歴史のなかでいつしか消滅したこと、正倉院の場合は、保存の意思が途切れず続いたことがもたらした結果である。

正倉院宝庫（正倉）

正倉は、前述のとおり、創建時には「東大寺の正倉」であった。現存する八世紀の倉庫建築のなかでも最大級の規模をもつ、校倉造《あぜくらづくり》、高床式《たかゆかしき》の倉である。いまは、正倉院事務所構内の、緑の木々に囲まれたなかのやや開けた場所に、ただ一棟が建っている。宝物と同様、宮内庁が管理するが、正倉だけは国宝の指定をうけ、世界文化遺産に登録されている。

大きさは、間口約三三メートル、奥行約九・四メートル、床下約二・七メートル、総高約一四メートルである。日本の伝統的建築の通例にしたがい、木造で、材木として檜《ひのき》が使われている。建物を支える四〇本の束柱《つかばしら》は、直径約六〇センチ、自然石の礎石の上に立っている。

建物本体は、一つの屋根の下に、三室が南北方向に横一列に並ぶ構造となっている。この三つの個室は、それぞれ正面（東面）の一箇所だけに入り口をもち、隣り合う壁は共有するが、互いに独立した空間となっている。このため、一つの室が一つの倉として扱われ、北（正面向かって右）から順に北倉《ほくそう》、中倉《ちゆうそう》、南倉《なんそう》と呼ばれている。北倉と南倉は大きな三角材を井桁《いげた》に組み上げた校倉造であり、中倉はその二つの倉の中間の空間を利用（両側の壁を北倉・南倉と共有）して、奥と手前に厚い板をはめて壁とした板倉造《いたくらいづくり》である。各倉内部はそれぞれ二階になっている。

校倉造は、構法としては、北欧やユーラシアの北方森林地帯、中国では新疆《しんきょう》・チベット・雲南《うんなん》など、世界各国に分布する井籠組《せいろうぐみ》の一種である。ただし、壁を構成する材木の断面が、ほぼ三角形（厳密には不整五角形）になり、材の交差する隅の組手も複雑な加工が必要である。このため、格の高い倉庫建築に用いられた。古代の校倉としては、八棟が日本に現存する。

屋根は、この三倉全体にかかり、寄棟造《よせむねづくり》、本瓦葺《ほんがわらぶき》である。華美な装飾はないが、規模の大きさ、端正な姿が印象的である。

宝庫の正確な創建年代は不明である。記録によれば、遅くとも天平宝字《てんぴょうほうじ》三年（七五九）三月以前に出来上がっていたことは確実だが、私は、天平勝宝《てんぴょうしょうほう》五年（七五三）後半に完成したのではないかと考える。天平勝宝四年四月の大仏開眼会《かいげんえ》、天平勝宝五年一月の七重塔（西塔）完成を無事終えた後は、これらの儀式用品・献納品などを収蔵する場所がただちに必要となる。また、天平勝宝五年六月に行われている造東大寺司《ぞうとうだいじし》関係品のチェックも、新しい倉の完成と関連するものと考える。

なお、宝庫の形態が、二つの校倉と中間の板倉とを組み合わせて一棟とした、やや特異な構造であることに注目し、創建当初は、並び立つ二つの校倉と中央の空間という形態であり、中倉は後から足されたものである、という説が提起されたことがある。しかし、年輪年代法を利用した近年の調査によって、使われている檜の伐採年代が推測され、当初から現在の姿であった、という方向に結論は収束しつつある。

三　正倉院宝物の由来――系統分類

A群：献納宝物（帳内宝物）

天平勝宝八歳《さい》（七五六）五月二日、東大寺を創建した聖武《しょうむ》天皇が亡くなった。その日から数えて七週、四九日目の六月二一日には、一区切りとなる七七忌の法要が行われた。このとき、残された光《こう》明《みょう》皇后は、天皇の冥福《めいふく》を祈って、天皇が生前に愛用していた品々をはじめとする六〇〇点あまりを東大寺の本尊盧舎那仏（大仏）に献じた。これ以降、皇后の奉献は天平勝宝八歳の六月・七月に三回、天平宝字二年（七五八）に二回、合わせて二年あまりの期間に五回におよんだ。注目すべきは、この五回については、献納の際にその品目について詳細に記載した目録が作成され、これが五回分すべてについて完全なリストとして残っていることである。献物帳《けんもつちょう》と呼ばれるこのリストの内容は、名称・数量・寸法・材質・技法からその品の由緒までおよび、このおかげで、多くの失われた品々も含めて、われわれは献納の全容を知ることができる。

この献納によって、宝庫に伝わることになった品々を総称して、献納宝物（帳内《ちょうない》宝物）と呼ぶ。各回の献納について概要を示すと、次のようになる。

（1）天平勝宝八歳（七五六）六月二一日献物帳

通称「国家珍宝帳《こつかちんぽうちよう》」。六〇〇点をこえる品目のリストと献納の趣旨を記した願文《がんもん》からなる。冒頭に「亡くなった聖武太上天皇のために、国家の珍宝を捨《しや》して東大寺に施入《せにゆう》する願文。光明皇太后の作」とあり、続く願文では、「回想すると、天皇は徳が高く優れた資質をもっていた。仏教を敬い、立派に国を統治していた。その名声は遠く伝わり、インドからは菩提僧正《ぼだいそうじよう》（僊那《せんな》）が流沙《りゆうさ》をこえて、中国からは鑑真和上《がんじんわじよう》が海をこえて、遥かな日本にやってきた。……いま、国の貴く珍しい宝、愛用の品である、帯、牙笏《げしやく》（象牙製《ぞうげ》の笏）、弓矢、刀剣、書蹟《しよせき》の名品、楽器などを手放して東大寺に納め、大仏や諸菩薩《ぼさつ》の供養をしたい。……リストにあげた品は、亡き天皇の近くで使われたものばかり。みただけで昔のことが思い出され、心に迫ってくる。この品々を東大寺盧舎那仏に献じ、天皇の冥福を祈ります」と書かれている。献納の規模は、グループAのなかで最大である。

（2）天平勝宝八歳六月二一日献物帳（六二ページ上図）

通称「種々薬帳《しゆじゆやくちよう》」。薬六〇種のリスト。これも献納の趣旨を記した願文がある。「これらの薬は、大仏殿で供養に用い、病に苦しむものがあれば、救うため使用してもよい。その結果、病と苦しみが除かれ、救済を得ることができ、死後も仏の世界に生まれて盧舎那仏にあうことができるように」

（3）天平勝宝八歳七月二六日献物帳（六二ページ下図）

通称「屏風花氈等帳《びょうぶかせんとうちょう》」。中国古代の書家欧陽詢《おうようじゅん》（五五七〜六四一）の書屏風・花氈・銀薫炉《くんろ》・繡線鞋《ぬいのせんがい》（刺繡《ししゅう》を施したくつ）などの献納リスト。

（4）天平宝字二年（七五八）六月一日献物帳（六四ページ上図）

通称「大小王真跡帳《だいしょうおうしんせきちょう》」。大小王とは、中国で書聖と称される王羲之《おうぎし》（三〇七？〜三六五？）とその子王献之《おうけんし》（三四四〜三八八）のこと。その肉筆の書は、中国本土でもきわめて稀少《きしょう》なものとして貴重視された。聖武天皇も深く愛したこの書蹟が宮中に遺っていたことに気付いた光明皇后が、追憶も新たに、この日追加献納した。

（5）天平宝字二年一〇月一日献物帳（六四ページ下図）

通称「藤原公真跡屏風帳《ふじわらこうしんせきびょうぶちょう》」。光明皇后は亡父、藤原不比等《ふひと》の肉筆の書屏風を大切にしてきた。皇后自身がいちばんの宝と述べるこの屏風をこの日、盧舎那仏に献納した。

以上、五種の献納宝物（帳内宝物）は、光明皇后から献納された品であり、いずれも由緒のある、当時の第一級品といえる。これらが、現在の正倉院宝物の中核をなしている。

B群：東大寺の資財

A群の宝物は、宝庫に伝わった品々のなかでもっとも重要な意味をもつ。しかし、宝庫は、献納品の収納のために建てられた倉ではない。あくまで「東大寺の正倉」として建築されたものである。したがって、この本来の機能に即して、保管された品物があったはずである。このグループを、東大寺の資財という表現でまとめることができる。この中から、入庫の事情が明らかなものを中心に、代表的なものをあげる。

（1）大仏開眼会関連品

天平勝宝四年（七五二）四月九日に行われた盧舎那仏の開眼法要に関連する品。B群のなかでも、分量的に圧倒的多数にのぼる。

聖武天皇・光明皇后が着用した冠《かんむり》、開眼作法に用いられた筆・墨・縷《る》（ひも）、華厳経《けごんきょう》講説に使われたと推定される褥《じょく》（敷物）、参列した僧の名簿など、法要の中核をなすものが伝わる一方で、余興として演じられた伎楽《ぎがく》の面、面の袋、楽装束、堂内外の飾りに使用された幡《ばん》などの荘厳具《しょうごんぐ》、貴族たちの献じた刀子《とうす》・帯・筆をはじめとする珍貴な品など、多種多様な品目が残る。

（2）東大寺で行われたその他の法要関連品

大仏開眼会以後、東大寺で行われた法要の関係品では、聖武天皇の生母である中宮《ちゆうぐう》、宮子《みやこ》の一周忌法要（天平勝宝七歳〔七五五〕）に使われた花籠《けこ》や磁皿《じざら》、聖武天皇の死去、葬儀（天平勝宝八歳）の際に用いられた櫃覆《ひつおお》いの帯・綱、聖武天皇一周忌法要（天平勝宝九歳）に用いられた幡・鎮鐸《ちんたく》・花籠などがある。

また宮中の儀式後に東大寺に納められた天平宝字二年（七五八）正月の年中行事用品、天平神護《てんぴょうじんご》三年（七六七）に称徳《しょうとく》天皇が東大寺に行幸《ぎょうこう》した際に献じられた一対の銀壺《ぎんこ》なども伝わる。

(3) 東大寺の諸堂塔・庫蔵からの流入品

現在の正倉院宝庫は、東大寺の倉庫のなかでももっとも手厚い管理がなされた倉であった。このため、東大寺のなかの倉が破損した場合など、収納してあった品物がここへ運び込まれることもあり、宝物のなかには、東小塔《ひがしのしょうとう》・羂索堂《けんじゃくどう》・戒壇堂《かいだんどう》・千手堂《せんじゅどう》・吉祥堂《きっしょうどう》など、東大寺の堂塔の名が銘文として記されたものがある。これらは、その品が本来使用されていた場所を示す。

『東大寺要録』には、平安時代中頃の天暦《てんりゃく》四年（九五〇）に、東大寺羂索院の倉庫が破損したため、なかに保管されていた大量の仏具、什器《じゅうき》類がこの正倉に移されたという記録があるが、同じような経路で正倉院に入った品は少なくないと推定される。

C群：造東大寺司関係品

東大寺の造営のために設置された造東大寺司《ぞうとうだいじし》と、その下に置かれた写経所《しゃきょうしょ》などに関連する品も、正倉院には伝来している。

具体的な品目をあげると、正倉院文書・丹《たん》・臈蜜《ろうみつ》などは、内容・銘文から造東大寺司との関連が明らかであり、ほかに、衣服類のうち作業着に類するもの、工匠具、厨房《ちゅうぼう》用品、使いかけの状態で残された麻布（税として納められた調庸布《ちょうようふ》）などは、このグループとの関連が推定される。

多くは、加工材料、実用品・消耗品であり、当時の価値としては、献納宝物などに遠くおよばない。大切に保存されたというより、消費されずに残ったもの、不要となったまま倉のなかに取り残されたものなど、幸運な偶然によって、現在に伝わったものである。

しかし、このグループの品々のおかげで、宝物の多様性は大きく広がった。庶民や下級役人たちの、仕事や日々の衣食住に関わる品が伝わったからである。これらは、長い時間のなかで消滅しても不思議ではなかった。とくに正倉院文書の伝来は、奈良時代の文献史料を格段に豊かにした。国家の政治制度に直結する公文書や、仏教を具体的なかたちに定着させる現場で作成された写経所文書群など、八世紀に作成された原本が、これだけ大量に、良好な状態で残っていることは驚異的である。

D群：聖語蔵経巻

東大寺の塔頭《たっちゅう》であった尊勝院《そんしょういん》の経蔵に伝来した仏教経典。聖語蔵《しょうごぞう》とは、聖なる仏陀《ぶっだ》の言葉を記した経典を納める倉、との意味である。

内容は、写経では中国の隋《ずい》・唐《とう》時代（二四三巻）、日本の奈良時代（天平一二年〔七四〇〕御願経《ごがんきょう》七五〇巻、神護景雲《じんごけいうん》二年〔七六八〕御願経七四九巻）、平安・鎌倉・南北朝時代（七九四〜一三九二）、鎌倉時代（一一八五〜一三三三）の古写経、版経では、宋《そう》版経、寛治《かんじ》版ほか日本版経、その他数点の漢籍などを合わせて、約五〇〇〇巻にのぼる。このうち天平一二年御願経は、光明皇后の発願《ほつがん》によって製作されたもので、願文の日付にちなんで「五月一日経」とも称されるが、正倉院文書によって実際の作成過程が詳細にわかる点で、歴史学的にも価値が高い。

現在の聖語蔵は、鎌倉時代はじめに尊勝院が再興されたときに建てられたと考えられる。経巻が正倉院の管理下に移ったのは、近代の明治二六年（一八九三）に皇室に献納されたことがきっかけであり、その数年後には、校倉造の倉も正倉院構内に移築された。

四　宝物の保存管理——沿革と現在

宝物の保存管理について、大づかみに二つの側面からみてみよう。

一つは、鍵をかけて倉の開閉や人の出入に制限をかけることである。これについては、「封《ふう》」による管理が伝統的に行われている。

もう一つは、収蔵環境に配慮し、なかにしまってあるものが無事であることを確認することである。そのために行われるのが、曝涼《ばくりょう》と点検である。

倉の管理

正倉院成立期の八世紀なかば以来、保存管理という点で、もっとも関心が払われたのは、前述したA群の宝物である。献物帳に、発願の趣旨と品目の詳細を記す、という献納の形式はきわめて丁重なものであり、献納以後も、それにふさわしい扱いがなされた。

献納の対象は、東大寺の本尊である盧舎那仏だが、大仏殿は、恒久的な品物の保存のための施設ではない。そこで、しっかりとした管理を行える倉庫への移納が検討され、光明皇后の献納品は、いまの正倉院宝庫の北倉に運び入れられた。その時期は、初回の献納が一段落した天平勝宝八歳（七五六）一〇月には行われたらしい。

以後、正倉院の歴史を通じて、北倉には勅封《ちょくふう》がかけられ、開扉には勅許《ちょっきょ》（天皇の許可）が必要となった。このため、開封・閉封には、東大寺・僧綱《そうごう》（諸寺の上に立つ監督機関）の代表者に加えて、天皇の命をうけた使者が代理として立ち会う。当初は、この勅使の封が勅封であったが、中世以降、しだいに勅封とは天皇自身が書いた封と解されるようになった。天皇自身が紙に名前あるいは花押《かおう》を書いた封の初例は、室町時代の永享《えいきょう》元年（一四二九）、後花園《ごはなぞの》天皇に遡《さかのぼ》るが、この伝統は現在まで続いている。

一方、中倉・南倉も、厳重な管理が行われた。

まず、中倉は、はじめのうちは、造東大寺司の管理下に置かれ、三倉のなかでも一段軽い扱いをうけていた。たとえば、北倉に納めた薬は、もともと必要に応じて使用されることが予想されていたが、そのつど北倉を開いて出すのではなく、いったんまとまった分量を北倉から中倉に出し、少量の出し入れは、中倉から行ったのは、その現れである。しかし、一二世紀、平安時代の途中までには、中倉は北倉に準じて勅封倉として扱われるようになっている。南倉は、僧綱の封を施して管理され、綱封《ごうふう》蔵《ぞう》とも呼ばれた。B群すなわち東大寺の資財のうち、大仏開眼会用品などは、正倉が建った時点から、南倉に収納されたとみられる。永久《えいきゅう》五年（一一一七）の点検目録が伝わっており、平安時代末の収納品が知られる。

後に、綱封の語は、東大寺別当の封を付した東大寺三綱《さんごう》管理の倉と解されるようになっていた。この変化が確認できるのは、天正《てんしょう》二年（一五七四）の記録によってである。しかし、勅封・綱封を合わせた倉の日常の管理は、東大寺に任せられていたから、この変化は、それ以前から、緩やかに起こったものだろう。

以上のような、勅封・綱封の制度と、東大寺による日常の管理は、基本的に変化することはなく、明治時代を迎える。

封の存在は、不要の開扉を抑止する効果という点で大きかったといえよう。正倉院宝物が良好な状態で、しかも多数のものがまとまって残されているのは、この人的システムに負うところが大きい。

保存環境

正倉院宝物の保存環境をグローバルな視野でとらえると、温帯地方の、夏には高温多湿な時期を迎える土地は、絹・紙・木材ほか有機材質によって構成される多くの宝物にとって、決して過ごしやすい環境とはいえない。長い時間による経年劣化以外にも、虫や黴《かび》の害、日光や汚染した大気など、影響を遮断したい要素は数多い。

宝庫は、やや小高く風通しのよい場所に位置している。立地の条件と合わせて、巨大な檜材を用いた、床下の高い高床式の構造という点でも、温湿度の影響をなるべく排除し、宝物の湿損や虫害を防ぐ配慮がなされているのである。さらに、宝庫内の収納容器としては、辛櫃《からびつ》と呼ばれる杉製の大型の箱が使用され、外界の環境変動から、二重三重のガードを行っている。

このような、設備としての保存環境を補完するものとして、人の目による点検・管理体制が、長い年月の間敷かれてきた。

まず、前述の、最重要品が集中した北倉は、定期的な点検の制度である曝涼の対象とされた。曝涼とは、宝物の容器を開け、滞留した空気を換気し、虫や黴などの害や湿損を防ぐ作業で、同時に保存状況の点検も行う。消費によって量が変わる薬については、毎回、現在量の測定が行われている。点検の結果が報告書としてまとめられ、内裏《だいり》（天皇の居所）・東大寺三綱・宝庫の三箇所に同じ内容のものが保管された。

この点検報告が、北倉に四巻伝わっている。宝物献納から三〇年が経過した延暦《えんりやく》六年（七八七）のものにはじまり、延暦一二年（七九三）、弘仁《こうにん》二年（八一一）、斉衡《さいこう》三年（八五六）と続く。この四回を含む時期には、遷都など、朝廷と東大寺との関係に大きな影響をおよぼす動きがあった。また、天皇の要請によって、献納された宝物を倉から出し入れする動きもこの時期に集中している。

しかし、その後は、定期的な曝涼を実施した記録はなく、平安時代中頃以降は、宝庫をめぐる動きは沈静化した。各時代に、臨時の開封や、宝庫の修理に伴う宝物点検が実施されることはあったが、宝物は、多くの人々の意識からは遠い存在として、静かな状態で眠る時間が長かった。

それでも長年の間には、戦乱や天災による突発的な危機が間近に迫ったことがある。源氏・平家の戦乱のさなかの、平重衡《たいらのしげひら》による治承《じしょう》四年（一一八〇）の南都焼討、永禄《えいろく》一〇年（一五六七）の三好《みよし》・松永《まつなが》合戦の兵火。この、間近の大仏殿を焼失させた二つの火災をはじめ、近隣の火災は、幾たびか発生している。また建長《けんちょう》六年（一二五四）には、北倉の扉が落雷のため炎上した。いずれも、正倉院そのものの焼失には至らなかったのは、倉を守ろうとした無名の人々の活動と幸運の両方が作用したのだろう。盗賊の侵入もあったことが、記録から知られる。

このほか、経年による建物の傷み、雨漏りなどに対処するため、大小幾度かの修理が行われた。瓦は、数次の葺き替えを示す。床下の束柱に巻いた鉄の帯や、床の最下部で壁体を支える台輪の突出部にかぶせた銅板なども、後世の修理時に加えられた。

明治時代の体制

明治時代は、日本の近代のはじまりである。正倉院をめぐる状況についても、この時期に変化があり、その体制が現在まで継続しているものが多い。

（1）国の直接管理

大きな変化の第一は、正倉院宝庫が明治八年（一八七五）、政府の直接管理のもとに置かれるようになったことである。これに伴い、従来の北倉・中倉に加えて南倉が勅封となった。また、明治一六年には、宝物の曝涼を毎年行うことが制度化した。所管省庁については幾度かの変遷を経て、明治一七年には宮内省に専属することになった。第二次世界大戦後、宝物と宝庫は国有財産となったが、管理については引き続き宮内庁（一九四九〜）が行っている。

（2）三倉宝物の所属確定

古代以来の北倉・中倉・南倉の納物は、しだいに各倉間で移動した結果、混交してしまった。明治二五年（一八九二）に設置された御物《ぎょぶつ》整理掛は、宝物の由緒を尋ねて、詳細な調査を行い、宝物の目録作成を目指して、名称や本来の所属の考証を行った。この成果を継承したものが『正倉院御物目録』（明治四一年以前に完成）である。この目録で、正倉院宝物の範囲が確定し、現在でも宝物管理の典拠として使われている。また、これとは別に、明治四三年には、聖語蔵経巻についても目録が作成され、所属・名称について大枠が定まった。

（3）宝物の整理と修復

宝物全般を対象とする本格的修理が開始されたのが、明治時代であった。宝物の部分的な修理は、江戸時代に屏風が修理された前例があり、明治になってからも、楽器のうち琵琶《びわ》や文書など、他に先駆けて着手されたものもあるが、全体にわたる修理と復元は、（2）で述べた御物整理掛で行われたものである。

修理に際しては、一流の工芸家が選ばれ、十分な時間をかけて技法の研究や試作を行ったうえで作業に着手したのであり、技術の水準はきわめて高い。現在、宝物が非常に良好な状態を保っているのも、この明治の成果に負うところが大きい。

明治三七年（一九〇四）に御物整理掛が廃止されたのち、明治四一年以降は、正倉院は帝室博物館に所属し、辛櫃内に雑然と収納された古裂《こぎれ》類、残材類などの整理と、経巻の修理を主な業務とするようになった。

現在の管理業務

宝物・宝庫の保存に関わる業務は、前項でふれた明治時代の三つの変化を経て、そのまま現在の正倉院の事業に受け継がれている。

年間の行事のなかでいちばん重要な宝物点検は、従来の曝涼の伝統を引き、勅封を開いて行われる。私の管理するセクションには、「保存」を共通目的として、調査研究、修理、保存環境の維持管理を分担するスタッフ（研究者・技術者）がいる。その全員が、例年、一〇月、一一月の二ヵ月あまり、関係する作業に没頭する。

われわれの業務は、過去の時代から行われてきたことを受け継ぐものであるから、基本的なところでは明治時代とさほど変わりない。そのなかで、いくつか新しい要素を紹介する。

施設では、大正二年（一九一三）に、創建以来初めて宝庫の全面解体修理を行い、構造上の問題を解消した。さらにそれから約一〇〇年が経過しようとする現在、屋根の葺き替えを主眼とする修理が計画されている。

また、火災や地震、大気汚染から宝物を守る方策として、昭和二八年（一九五三）に東宝庫、昭和三七年（一九六二）に西宝庫と、鉄骨鉄筋コンクリート造の宝庫を、相次いで建設し、空調設備を導入している。西宝庫は正倉に代わる勅封倉で、内部が北倉・中倉・南倉に分かれ、整理済みの宝物を収蔵する。東宝庫は、染織《せんしょく》品など、整理によって増加した宝物と、聖語蔵経巻を納めるほか、調査や修理の対象となった西宝庫の宝物を一時保管するためにも利用される。このほか、老朽化した業務庁舎にかわって、二〇〇七年には新たな庁舎が完成した。

五　正倉院へのアプローチ——宝物の分類と研究分野

現在、正倉院宝庫は、曜日・時間を限って、一般公開されており、外観の見学は手続きなしでできる。一方、保存管理上の理由で、宝物そのものの公開は、大きく制限されている。ここでは、多様な正倉院宝物の内容について紹介を行う。観点の整理という意味で、「正倉院宝物の分類法」の分類、というかたちで項目を立ててみた。

宝物の由来にもとづく分類

正倉院宝物は、前にみたように、いくつかの源流に発するものが集まって成立している。

明治時代、伝存した品々に考証が加えられ、北倉宝物・中倉宝物・南倉宝物の区分が確定し、最終的に『正倉院御物目録』としてまとめられた。この分類法が、正倉院宝物の管理上の基本となっており、現在の登録数では、整理済み宝物約九〇〇〇点となっている。概略は以下のとおり。

（1）北倉宝物：献物帳、献納宝物（代替品、関連品を含む）、点検記録類。
（2）中倉宝物：北倉・南倉のどちらにも属さない武器、文書、文房具ほか。辛櫃に分納された未整理品を含む。
（3）南倉宝物：東大寺の資財類。綱封蔵目録に準拠して、法会・仏事関連品が集められる。また、正倉院宝物に含めないが、聖語蔵経巻も正倉院が保管している。
（4）聖語蔵経巻：東大寺尊勝院伝来の仏教経典。約五〇〇〇巻。

現時点で、宝物の全般にわたって、その概容を示すもっとも包括的な図録が、毎日新聞社刊『正倉院宝物』全一〇冊であるが（正倉院文書と聖語蔵経巻は別途出版が進んでいる）、その構成は、『正倉院御物目録』の北倉・中倉・南倉の区分と順序にしたがっている。

この分類法は、献物帳・点検記録・品物に記された銘文を典拠として、史料から結論を導く歴史学的方法にもとづいている。

用途による分類

展覧会の観客や出版物の読者、文化史・民俗学・考古学の研究者など、多くの人々にとっていちばん自然なのが、「これはいったい何か？」という観点からの分類だろう。文字通り、宝物のシソーラス（情報検索用の索引）として、項目を列挙する。

（1）調度品：厨子《ずし》・屏風・毛氈《もうせん》・胡床《こしょう》・御床《ごしょう》・鏡・軾《しょく》・挟軾《きょうしょく》・火舎《かしゃ》・薫炉《くんろ》
（2）文房具：筆墨硯紙・刀子・軸・帙《ちつ》・尺《しゃく》・書几《しょき》
（3）楽器・楽舞具：和琴《わごん》・新羅琴《しらぎごと》・琴《きん》・瑟《しつ》・箏《そう》・琵琶《びわ》・五絃《ごげん》琵琶・阮咸《げんかん》・箜篌《くご》・尺八《しゃくはち》・横笛《おうてき》・笙《しょう》・竽《う》・簫《しょう》・鼓胴《こどう》・磬《けい》・方響《ほうきょう》
（4）遊戯具：碁局《ききょく》・棊子《きし》・双六局《すごろくきょく》・双六子《すごろくし》・双六頭《すごろくとう》・投壺《とうこ》・弾弓《だんきゅう》
（5）仏具：袈裟《けさ》・錫杖《しゃくじょう》・如意《にょい》・麈尾《しゅび》・誦数《じゅず》・三鈷《さんこ》・柄香炉《えごうろ》・花籠《けこ》
（6）年中行事品：子日手辛鋤《ねのひのてからすき》・目利箒《めとぎのほうき》・椿杖《つばきのつえ》・百索縷軸《ひゃくさくるのじく》・針と糸・撥鏤尺《ばちるのしゃく》
（7）武器武具：大刀《たち》・手鉾《てぼこ》・鉾《ほこ》・弓・箭《や》・鞆《とも》・胡禄《ころく》・挂甲《けいこう》と馬具
（8）服飾品：冠・袍《ほう》・半臂《はんぴ》・袴《はかま》・接腰《せつよう》・裳《も》・衫《さん》・汗衫《かんさん》・前裳《まえも》・襪《しとうず》・早袖《はやそで》・腕貫《うでぬき》・帯・履《くつ》
（9）飲食器・厨房具：碗《わん》・加盤《かばん》・皿・鉢・杯《つき》・箸《はし》・匙《さじ》・提子《ていし》・包丁
（10）香薬類：全浅香《ぜんせんこう》・黄熟香《おうじゆくこう》（蘭奢待《らんじやたい》）・丁香《ちょうこう》・裛衣香《えびこう》・薬物《やくぶつ》
（11）工匠具：やりがんな・錯《やすり》・鑽《きり》
（12）書蹟・地図：典籍・文書・経巻・開田地図
（13）容器：櫃・箱・袋・包・几
（14）原料・素材：藕蜜・丹・麻布・ガラス玉・金剛砂

製作技法による分類

美術工芸史の研究者、古代技術の復元を目指す工芸作家などは、実際の制作現場を念頭に置いた追求をするだろう。おおむね以下のような分野が考えられる。

（1）絵画、（2）彫刻、（3）刀剣、（4）金工《きんこう》、（5）漆工《しっこう》、（6）木工《もくこう》、（7）焼き物、（8）ガラス、（9）染織、（10）甲角細工《こうかく》、（11）編み物、（12）製紙、（13）その他（複合・各種装飾技法）

これらのテーマの多くは、過去に、専門家を正倉院に招いて調査を実施した。その成果は、各種の報告書として出版されている。また、装飾技法として一括したなかには、平脱《へいだつ》、木画、螺鈿《らでん》、撥鏤《ばちる》、七宝《しっぽう》といった、この時代を特徴づける高度の技法が含まれ、その究明は、宝物模造品の製作などに活かされている。

材質による分類

近年、古文化財を対象とする科学的分析の手法は、拡大・深化している。正倉院宝物を対象とする科学的な調査も、私が正倉院で過ごしてきた二〇年あまりの間に大きく進んだ。この場合、直接に検討されるのが、宝物の材質である。

（1）無機材質（金属・石・陶器・ガラス・顔料）
（2）有機材質
（2－1）植物（木材・竹材・樹皮ほか）

（2―2）動物（皮革・獣毛・牙角甲骨《げかくこうこつ》・貝・真珠・鳥毛ほか）

（2―3）その他（繊維・紙・染料・塗料と接着剤）

一方、伝統的な美術工芸や文化財修復の分野でも、専門領域ごとに保持してきた、材料の知識・経験がある。客観性の高い科学分析の成果との間に、双方向の情報交流がなされることが望ましい。正倉院宝物の多様性は、対話のための絶好のフィールドを準備するものであろう。

場所・時期による分類

正倉院宝物は、個々に、いつ、どこで作られたかという生得の情報をもっている。この観点からする分類が、可能性として成立する。

たとえば、空間的要素についてみれば、古代東アジア世界の空間的広がりのなかに、宝物をプロットした地図が描ける。時間的要素に注目すれば、宝物の履歴を編年体史として叙述できる。どちらも、文化交流史の課題であろう。

ただし通常は、一つの宝物には、素材（例：薬や材料の原産地）・形状（例：器のかたち）・意匠（装飾文様・デザイン）・技法などの諸要素が複合する。時間軸に沿っては、材料・製造・使用・伝来・破損・修理などの要素が累積する。ここでは場所に注目して、製作その他のルーツとなった地域をあげると、以下のようになる。

（1）日本（中央と地方）

（2）朝鮮半島（新羅・百済《くだら》ほか）
（3）中国（隋・唐ほか）
（4）中国をこえた西方・南海地方・北方。

製作地が明確なものでは、（1）の国内産が圧倒的に多い。（2）（3）については、銘文等により中国製（例：墨〔唐・開元《かいげん》四年［七一六］〕・金銀花盤《きんぎんかばん》・金銀平文琴《きんぎんひょうもんきん》〔乙亥《いつがい》＝開元二三年〕・隋唐経）または朝鮮半島製（例：華厳経論帙《けごんきょうろんのちつ》・佐波理《さはり》製品）の確証が得られる品は限られる。また、技法や材料によって、中国・朝鮮半島製と推定されるものもあるが、材料・技術者・技術情報が日本に伝わって製作されたものとの判別が必要となる。

（4）については、日本との直接交流の可能性もあるが、長安《ちょうあん》ほかの中国の都市を経由した交易品がルートの大部分を占めるであろう。デザインや装飾技法、容器のかたちなどについてみれば、宝物には、インド、イランからギリシア、ローマ、エジプトにおよぶ各国の諸要素が包含される。この世界性は、国際色豊か、と評されることが多いが、当時の中国盛唐の具《そな》えていた世界性と比較検討したうえで、適切に評価を下す必要がある。

正倉院とインドとの関連でいえば、次のような事例が思い浮かぶ。

中国を経て天平八年（七三六）に来日した南インド出身の僧菩提僊那《ぼだいせんな》は、天平勝宝四年（七五二）の大仏開眼供養の導師をつとめた。東大寺ゆかりの高僧として画像にも描かれ、献物帳や正倉院文書のなかに名を留《とど》めている。

螺鈿紫檀五絃琵琶《らでんしたんごげんのびわ》は、現存唯一の作例であるが、インド起源の楽器といわれ、アジャンタ石窟《せっくつ》壁画に描かれている。

大仏開眼会の際にも演じられた伎楽の登場人物には波羅門《ばらもん》がおり、演者がかぶった面が残っている。正倉院には六個伝わるが、歯が欠けた老人の様子に表現され、劇のなかでは滑稽《こっけい》なしぐさをしたらしい。

薬物の胡椒《こしょう》・犀角《さいかく》・畢撥《ひはつ》、工芸材料として貴重な白檀《びゃくだん》・黒檀《こくたん》は、原産地の有力候補としてインド周辺が想定される。

また、もっとも幅広い影響を与えたものは、仏教文化である。仏教の教義・経典を通じてインドの古名である「天竺《てんじく》」の名は古代日本の人々にもよく知られていた。インドの仏教聖地を訪れた玄奘《げんじょう》三蔵《さんぞう》や義浄《ぎじょう》ゆかりの経巻も多い。やや特殊な事例では、玄奘の旅の途中、流沙のなかで夢に現れたと伝えられる深沙大将《じんじゃ》の姿を描いたものがある。これは、ばらばらになった状態の厨子《ずし》の扉に、玄奘ほかの姿とともに描いてあることがわかったものである。

六　正倉院における保存と利用

前近代における利用

献納宝物の由来を考えると、盧舎那仏とともに永世保存されることを願う、というのが本来のあり方であった。当初から、消費されることを念頭に置いていた薬物は別である。

しかし、実際には、品物自体の用途や価値に着目して、倉から宝物を出して利用する、という例がみられる。もっとも極端な事例では、天平宝字八年（七六四）、恵美押勝《えみのおしかつ》（藤原仲麻呂《なかまろ》）の乱が起こったとき、武器武具はほとんど出蔵して使用され、終息した後も戻らなかった（別の品が代納された）ことがある。また、平安時代初期までは、楽器・屛風・書蹟などが、しばしば倉から内裏に運ばれた例がある。結果として、献納品のかなりの部分が、後世に伝わらないことになった。このような宝物の直接的利用は、現在では到底考えられない。

これに続く平安中期以降、出蔵事例が減少する背景には、ある価値観の変化を認めることができる。時代の嗜好《しこう》、人々の関心が、正倉院宝物から離れていったという傾向は否定できない。しかし、これは保存にとって決定的なマイナス要因とはならなかった。宝物は、聖武天皇・光明皇后の本願のとおり、永く守り伝えるべきもので、たとえ天皇の位にある者でも、勝手に宝物を動かすべきではない、という考え方がふたたび前面に出てくる。現在の文化財保存に通ずる意識がみられる。

近代における公開・利用と保存

明治時代のかなり早い時期に、古文化財の保護について法令が出され（明治四年〔一八七一〕）、正倉院宝物についても、修理が行われ、収蔵を兼ねた展示の工夫がされた。一方、大仏殿を会場として奈良博覧会が開催されると、正倉院宝物も出品され、国民にはじめて公開が行われた（明治八〜一三年）。染織品については技術参考資料として分与された（明治九年）。国民の関心に応え、産業の振興にも役立てようとする新たな社会的要請が生まれたのである。勅封体制による厳重な保存という大筋は一貫しており、動揺はみられないが、それまで経験の少ない公開・活用の面では、さまざまな試行錯誤があったようである。

明治四一年に正倉院は帝室博物館に所属する。それまでに機構上の変遷があったが、全般的な宝物の修理がほぼ完了した後は、宝物の現状維持が基調となった。宝物の公開は、有資格者に限られ、宝庫の開封時期に合わせて、宝庫内の参観という方式で行われた。

国民一般に対して、展覧会方式で宝物が公開されることが通例となったのは、第二次世界大戦後の昭和二一年（一九四六）以降である。何回かの例外を除けば、開催地は奈良国立博物館に、開催期間は一〇〜一一月の二週間あまり、とほぼ固定されている。この「正倉院展」は、現在、国民的行事といわれている。

展覧会での展示公開に携わる博物館員、東京大学史料編纂所《しりようへんさんじよ》や国立歴史民俗博物館、東大寺図書館などの機関所属研究者、正倉院がテーマごとに招聘《しようへい》する各分野の専門家、そして正倉院のスタッフ。現物にじかに接するメンバーは、このように限られている。宝物にふれるためには、相応の経験・知識が必要であり、間違った取り扱いは、汚染・破損・滅失につながるからである。ともかく、相手は一〇〇〇年をこえる高齢なのだから。これらのメンバーは、宝物から得た情報を、適切なかたちで積極的に発信する責務を負うだろう。

正倉院の場合は、宝物から得た情報は、まず、宝物自身のより質の高い保存のために役立てる。宝物がいつもと違った様子である、という微細な変化や、どのような修理が最適かは、日常を知るホームドクター以外には、知りようがない。また、保存環境維持のため、自然科学的観点を導入することは、五〇年をこえる実績をもち、その比重は今後も大きくなっていくだろう。そのうえで、研究調査の成果として、論文や復元模造品のかたちで発表する、という順序となる。これについては、出版や展覧会という形式で、成果の発表を行っている。正倉院宝物の部分的な紹介や、紀要については、インターネットを利用した、Web 上での公開も行っているが（https://shosoin.kunaicho.go.jp/）、外国語への翻訳など、国際化に完全対応するまでには至っていない。

正倉院の価値

正倉院の価値については、起源が明らかで学術的価値が高い、伝世品であるため保存状態がよい、「正倉院はシルクロードの終着点である」といわれるように国際性に富む、などの点があげられる。いずれも、真理の一面をとらえているが、ここでは、「伝世」という点に着目したい。

正倉院宝物、なかでも献納宝物についていえば、特徴的なのは、コレクションの一体性が非常に強いことである。世界の美術館・博物館の所蔵品について、収集する側の選択、という要素を抜きにして考えることはできない。これに対して、正倉院の場合は、献納する側の考えが前面に出る。行為の本質に、仏教的な「捨（財物の施し）」を考えるべきであろう。

一方、永世保存が当初からの目的とされることにも注意したい。同じ目的の、宝物の一括献納の例として、エジプトの諸王朝の宝や、中国では法門寺地宮や遼《りょう》代の慶陵《けいりょう》白塔の事例がある。しかし、永世保存の手法として選ばれたのは、埋納という形式であり、正倉院の例のように、人の手によって、地上で守られた例を知らない。つまり、永世保存という意思が発信され、それが一度も途切れずに、人から人に引き継がれて継続しているということである。また同時に、宝物が、献納当初から大仏とともにあり、本来の場所を動くことがなかったことも重要である。宝庫から離れた品物が、現在まで残らなかった、というのは厳然たる事実である。同じ東大寺の二月堂《にがつどう》に、一二五〇年以上、一度も途切れずに続くという「お水取り」（修二会《しゅにえ》）の行法とともに、場所の力というものをうかがわせる。

以上、正倉院と、われわれの仕事を紹介した。保存という仕事は、品物の保存であると同時に、それに携わる人の経験・知恵や、それを取り巻く環境全体を対象に含む、文化の保存そのものであることを改めて強調したい。

奈良には鹿野園《ろくやおん》の地名がある。春日《かすが》大社の南郊、現在は住宅も多いが、中世の史料に見えるもので、相当の由緒をもつ地名である。初転法輪《しょてんぼうりん》の地サールナートに由来するこの例に限らず、奈良に仏教聖地に因む地名が多いのは、歴史的特質によるものであろう。

ブッダガヤー、ナーランダー、王舎城《おうしゃじょう》、鹿野苑、霊鷲山《りょうじゅせん》。仏教史を学ぶなかで、また漢訳仏典を通じて、文字としては幾度となく目にしてきたとはいえ、冒頭で述べた二〇〇六年のインド行で、その場所に立ち、風光を直接感じたことは、また格別の体験であった。とくに、木々が疎《まば》らに生い茂るなかを鹿が群れ遊ぶサールナートの景色は、不思議なことに、奈良、春日大社の神苑あたりのそれを思わせるものであった。

第2章　宝物奉献をめぐって――献物帳の世界

正倉院宝物成立の中核に、東大寺盧舎那仏《るしやなぶつ》に献納された聖武《しようむ》天皇遺愛の品があることはよく知られている。本章では、その際に宝物に添えて納められた献物帳《けんもつちよう》の紹介を軸に、宝物の奉献をめぐる諸問題にふれてみたい。

品物の受け渡しの際に、目録が登場するのは、現代でもかなり丁重な、あるいは格式張ったやりかたであろう。単に品物自体が動かせなかったり、大きすぎたり、これこのとおり、と言って差し出せるかたちがないという理由による場合もあろうが、目録が台飾りに載った結納の品や「賞品は○○一年分」「優勝者には△△への旅」、どれも、ちょっと晴れがましい。目録贈呈という形式は、「もの」にかえて「ものの名」を集約して手渡す。シンボル化という過程を含む以上、どことなく儀礼性のにおいがするのは当然である。だから、大きな悲しみを通奏低音とするなかで行われた荘重な献納にも、この形式はふさわしい。

天平勝宝《てんぴようしようほう》八歳（七五六）五月二日、聖武太上天皇は平城宮寝殿において崩じた。聖寿五六。即刻とはいかなかったが、翌三日には固関使《こげんし》が発遣される。古来、朝廷の大事の折には、鈴鹿《すずか》・不破《ふわ》・

愛発《あらち》の三関《さんげん》の守りを固めるのが例であった。一方で、葬儀の準備も同じ日にスタートを切る。政府高官らが、儀式の用度・鋪設《ふせつ》を担当する御装束司《おんしょうぞくし》、山陵《さんりょう》造築を担当する山作司《さんさくし》をはじめとする臨時チームの責任者に任ぜられ、同月一九日には、佐保山陵《さほやまのみささぎ》での葬儀が行われている。宝物献納の準備も、この流れのなかであわただしく進められたはずである。が、献物帳や現存する宝物そのものを除いて、その過程を物語るものはない。

一　天平勝宝八歳六月二一日、第一回の献納について

かくして聖武天皇の七七忌（四十九日）の当日を迎え、六月二一日に、東大寺に対する第一回の献納が行われた。

この日の献納は、二つの行為から構成されている。

第一が、「国家の珍宝《ちんぽう》」の奉献、第二が「種々薬《しゅじゅやく》」六〇種の献納であり、それぞれに独立した献物帳が用意された。いま、二巻の献物帳は、国家珍宝帳、種々薬帳という名称で呼び分けるのが通例であるが、明治時代に確定した宝物名称としては、「天平勝宝八歳六月二十一日献物帳」という同じ名（宝物番号は北倉158番）が与えられている。もっとも、「国家珍宝帳」「種々薬帳」のほうも、通称扱いをされてはいるが、八世紀末には使われていた由緒ある呼び名であり、今日や昨日のものとは区別せ

ねばならない。

1　天平勝宝八歳六月二一日献物帳（国家珍宝帳。北倉158二巻の内）

紙本墨書《しほんぼくしょ》、巻子装《かんすそう》一軸。縦二五・九センチ、全長一四七四センチの巻物である。緑色紙の原褾《げんぴょう》、白檀撥型軸端《びゃくだんばちがたじくたん》の原軸《げんじく》。外題《げだい》は「東大寺献物帳」。本紙一八張は、長さ約八八センチと長尺の上質な料紙《りょうし》を用いる。縦横の墨界《ぼくかい》を施し、紙面全体と外題上に「天皇御璽《ぎょじ》」を捺《お》す。

内容は、聖武帝の七七忌にあたって、天皇遺愛の品をはじめとする宝物六百数十点を東大寺盧舎那仏に奉献した際の目録であることはすでに述べた。巻首に「奉為　太上天皇捨国家珍宝等入東大寺願文」と題する光明《こうみょう》皇后御製の願文、次に宝物リスト、最後にもう一度奉献の趣旨を繰り返す。巻末日付の後には関係者の位署書《いしょがき》があり、藤原仲麻呂《なかまろ》・同永手《ながて》・巨萬福信《こまのふくしん》・賀茂角足《かものつのたり》・葛木《かつらぎの》戸主《へぬし》がある。

2　天平勝宝八歳六月二一日献物帳（種々薬帳。北倉158二巻の内）

紙本墨書、巻子装一軸。縦二六・一センチ、全長二一〇センチ。褐色紙の原褾、白檀撥型軸端の原軸。外題は磨滅してほとんど読めないが、残画をたどると「種々薬□□帳□」のようにみえ、ここに朱印影《しゅいんえい》の一部が残るようである。本紙三張は、国家珍宝帳と同じ料紙。縦横の墨界のほか、横の押界《おうかい》を補助的に用いる。紙面全体に「天皇御璽」を捺す。

薬物六〇種の献納に関わる目録。書き出しは、単に「奉　盧舎那仏種々薬」とあるだけで、すぐ薬名・量目と納器の列挙に入る。奉献の趣旨はその後に記され、病に苦しむ者があれば、僧綱《そうごう》の了承のもとに薬を出用し、病苦を救うとともに命終の後には蓮華蔵《れんげぞう》世界への往生が得られることを祈願する。巻末の関係者の連署は国家珍宝帳とまったく同じ。


この二巻について、言葉の説明も兼ねて、いくつかの点を補足しておこう。

まず褾は巻いた状態で外側を覆う表紙。原褾は当初からの表紙ということになる。種々薬帳の表紙は随分くたびれた状態となっている。ここに書かれる表題は、巻いた状態でも隠れず読めるので、外題と呼ぶ。同じく原軸といえば当初の軸で、巻いた姿で外に突き出す軸端の部分が白檀製、先端が広がった撥型のものがついている。

料紙について。日本古代の紙は、上質のもの、そうでないもの、いろいろ差はあっても、寸法的にはほぼ横六〇チセンの枠内に収まる。大まかな言い方で、横は二尺以内といってよい。したがって、国家珍宝帳・種々薬帳の料紙は、これと比べて随分飛び抜けた規格の紙ということになる。同時代史料の正倉院文書に、「三尺麻紙《まし》」「白長麻紙」「唐長麻紙」などと呼ばれたものがみえるので、そのような高級紙の実例であると考えている。同じ紙だから、紙数の差は、全長の差とほぼ比例する。国家珍宝帳は、種々薬帳の約七倍の長さである。

墨界は、墨で引いた罫線《けいせん》。文字を書く前の準備作業である。本文の文字に比べて、薄い墨で引かれるのが通例なので、鉛筆の線だと勘違いする人もいる。ヘラ押しでみえない筋をつけるのが押界である。

御璽は天皇の印。方三寸（約八・八センチ四方）の朱方印で、こちらはすべての文字が書かれた後で全面に捺され、書かれた文字を証し、改竄《かいざん》を防ぐ。印は、縦三段で紙の高さいっぱいとなる。とくに国家珍宝帳では、印が長大な紙面を覆い尽くす様は壮観である。

巻末の署名を行っている官人の肩書きをみると、光明皇后の発願がどのような機関によって具体的なかたちをとっていったかがわかる。企画・立案の実務は、皇后宮職《こうごうぐうしき》を改組した紫微中台《しびちゅうだい》が担当したのは明らかで、次のとおりである。紫微令藤原仲麻呂（長官）が筆頭に署名し、次官以下も三名（少弼《しょうひつ》巨萬福信、大忠《だいちゅう》賀茂角足、少忠《しょうちゅう》葛木戸主）が加わっている。次席の地位で署名している藤原永手は、侍従《じじゅう》の肩書きをもつ。光明皇太后と孝謙《こうけん》天皇の共同事業であることの表明とみるべきかもしれない。

願文は、対句を多用した文章で綴《つづ》られ、残された光明皇后の切々たる真情が籠《こも》った、格調の高い名文といわれる。その草案の撰者については、淡海三船《おうみのみふね》に擬する関根真隆《せきねしんりゅう》氏の説もある。

リストの分量の多さは、国家珍宝帳の際だった特徴である。行数換算で、文字部分全体六七九行のうち、六三八行を占め、その比率は約九四%になる。列挙された宝物の数は、通常「六百数十点」と言い習わしている。けれども献物帳の記載を追いかけてみると、個別の数をいちいち数え上げるべきか、ひっくるめて「一」とみるのが正しいのか、迷うところが多い。記載自体、重出する品目があり、誤記の訂正や補足、異同事項などが付箋《ふせん》で表示されている箇所も多い。むしろ「量」の集積を記載した種々薬帳のほうが、「六〇」という数字で把握されており、よほどすっきりとしている。

とはいっても、記載量そして内容の豊かさは、国家珍宝帳所載の献納品の質・量が豊かであることの反映である。リストの記載方式をみていくと、そこでは「御袈裟《おんけさ》合九領」から「御床《ごしょう》二張」に至る品それぞれに、個性をもらさず伝えるための周到な用意がなされているともいえる。

具体的には、名称（技法、材質を含む命名）、数量、重量を個別の見出しとして立て、寸法、技法、材質、特徴、付属品などを注記として加え、由緒や収納容器について述べるべきことがあれば、その関連品の末尾に記す、という構成をとる。その記述は煩雑に流れず要点を押さえ、文化財調書としても行き届いたものとなっている。

さて、この二度の献物の概要を示してみよう。

（1）「国家珍宝帳」に記載された品目

四七ページに示した宝物を、その由緒を中心に一渡りみていきたい。

1　御袈裟は、法衣《ほうえ》ということで筆頭に置かれたものであろう。聖武天皇が「三宝《さんぼう》の奴《やっこ》」と述べて仏への帰依を表明したことは有名であるが、それにふさわしい。九領のうち一領に「金剛《こんごう》智《ち》三蔵《さんぞう》袈裟」と記す。

2　厨子（赤漆文欟木《せきしつぶんかんぼくの》厨子《ずし》）と納物

厨子の由緒は、献納宝物のなかでも随一である。「古様の作」と注記にあるとおり、天武《てんむ》天皇から持統《じとう》、文武《もんむ》、元正《げんしょう》、聖武、さらに今上《きんじょう》（孝謙）と、累代の皇位とともに伝えられたものである。

ここには、聖武天皇の「雑集《ざっしゅう》」、元正天皇の「孝経《こうきょう》」、光明皇后の「頭陀寺《ずだじ》碑文」「杜《と》家立成《かりっせい》」「楽毅論《がっきろん》」といった自筆の書巻、聖武天皇が光明皇后を迎えた日に相贈った信幣《しんぺい》物を納めて封をした一箱、王羲之《おうぎし》の搨模本《とうもほん》から構成される書法二〇巻など、別格の品を含め、小刀、御帯とそれに結びつけた御刀子《とうす》・御袋の佩飾具《はいしょくぐ》、笏《しゃく》、尺《しゃく》、筭子《さんし》、犀角杯《さいかくのつき》、双六頭《すごろくとう》、双六子《すごろくし》、貝玦《ばいけつ》、犀角《さいかくの》奩《はこ》（念珠を納める）、唐刀子《からとうす》、百索縷《ひゃくさくる》、尺八といった多種の品々が納められていた。

3　赤漆欟木厨子と納物

この厨子も、百済《くだら》の義慈王《ぎじおう》（六六〇年没）から「内大臣《ないだいじん》」藤原鎌足《かまたり》（光明皇后の祖父）に贈られた品であり、由緒は2の文欟木厨子と比べても遜色《そんしょく》ない。なお、この由来記は、厨子のみにかかるもので、納物の犀角《さいかく》、白石鎮子《はくせきのちんす》、銀平脱合子《ぎんへいだつのごうす》（碁子《きし》を納める）にはかからない。

国家珍宝帳の品目構成

1　御袈裟（9）
2　厨子（赤漆文欟木厨子）と納物
天皇・皇后の御書（4），聖武天皇・光明皇后の相贈信幣之物，書法（王羲之．20），小刀，
御帯とそれに付属する御刀子・御袋（帯3条分），
笏（3），尺（6），笇子（100），犀角杯（2），
双六頭（116具1隻，未造了2具），双六子（169），貝玦（12），犀角奩（念珠7を納める），唐刀子（2），百索縷，尺八（4）
3　赤漆欟木厨子と納物
犀角（1具と3枚），白石鎮子（16），
銀平脱合子（4，棊子を納める）
4　楽器
倭琴（2），琴（2），琵琶（2），五絃琵琶，阮咸，箏，瑟，簫，笙，竽，横笛，尺八，新羅琴（2）
5　遊戯具
棊局，双六局
6　武器
御大刀（100），御弓（100＋別色御弓3），御箭（100），御甲（100）
7　全浅香〈挿入〉
8　御鏡（20），漆胡瓶
9　御屛風（100）
10　大枕，御軾（2），挟軾，御床（2）
（注）国家珍宝帳のグルーピングと見出し等，基本的な整理方法は，北啓太「献物帳管見」にもとづくが，個数の「1」，重複記載のもの，収納櫃の注記などを省いてさらに簡略にした．

4　楽器は、比較的大型の弦楽器（倭琴《わごん》、琴《きん》、琵琶《びわ》、五絃琵琶《ごげんびわ》、阮咸《げんかん》、箏《そう》、瑟《しつ》、新羅琴《しらぎごと》）が主であるが、管楽器（簫《しょう》、笙《しょう》、竽《う》、横笛《おうてき》、尺八）もあり、同じ尺八でも赤漆文欟木厨子納物と別にここに列挙されているものがある。これらは、棚厨子に納置されたという記録が別にみえるが、現存する二基の棚厨子には、全部は収まらないように思う。

　品目の配列順に、日本・中国・朝鮮半島という当時の国家意識の反映をみる説もあるが、同様の意識は、大仏開眼会《かいげんえ》の法会次第にもみられ、ある程度の普遍性をもつものであろう。

5　遊戯具は、木画紫檀碁局《もくがしたんのききょく》・木画紫檀双六局《もくがしたんのすごろくきょく》がある。その収納容器ともども、細密な装飾に特徴がある。

6　武器は、大刀《たち》、弓、箭《や》、甲《よろい》の順に、いずれも百という完数を基準とする備えとして品目が列挙されている（弓の場合は、計一〇三張であるが、一〇〇張の後に、別色御弓三張が加わる）。また、分納された櫃《ひつ》についても記す。

　大刀は、陽宝剣《ようのほうけん》・陰宝剣《いんのほうけん》の一対に始まり、杖刀《じょうとう》（仕込み杖）二口に終わる。外装の種類と「唐」「唐様」「高麗《こま》様」、あるいは「懸佩大刀《かけはきのたち》」「黒作《くろづくり》大刀」といった基本的な作りを名称として示し、寸法と詳細な特徴を記載したなかに、とくに由緒を記した品が二つある。

　一つは、藤原不比等の邸宅で新室宴《にいむろのうたげ》が開かれた日、元正天皇の臨御があり、皇太子（聖武天皇）が舞を奉った。喜んだ不比等が返礼に贈ったという由緒をもつ横刀一口。もう一つは、文武

赤漆文欟木厨子（40.6×83.7×100cm）　明治の名工木内半古（御物整理掛で本品を修理）云わく，「カミナリの落ちた時分に壊れてしまつたのを，それが方々に散らかつてゐたんです」．確かに建久の目録にみえて，慶長の目録にはみえない（第5章）

天皇の父、草壁皇子《くさかべのおうじ》が常につけていたものを不比等に賜《たまわ》り、不比等が文武即位の際に献じ、文武崩御の際再び不比等のもとに戻り、不比等の死後、聖武天皇に再び献じられた黒作懸佩大刀。この二口と陰陽の宝剣には、「除物」の付箋《ふせん》が貼られているが、これについては第3章でふれたい。

弓は梓弓《あずさゆみ》八四張、槻弓《つきゆみ》六張、阿恵弓《あえのゆみ》一張、檀弓《まゆみのゆみ》八張、肥美弓《ひみのゆみ》一張で一〇〇張、さらに別色と分類される蘇芳弓《すおうのゆみ》、水牛純角弓《すいぎゅうじゅんかくのゆみ》、小檀弓《こまゆみのゆみ》が各一張。同じ長さの弓は、リスト上でまとめて記されるが、寸分の単位まで計測しており、一点ごとの同定に配慮されている。

箭は、矢入れである靫《ゆぎ》・胡禄《ころく》単位に算《かぞ》える。矢は五〇隻《せき》を盛る例が多いが、矢と靫・胡禄の組み合わせによっては、もっと少ない数の矢で一具と算えた例もある。

甲は、短甲一〇領と挂甲九〇両からなる。

7 全浅香《ぜんせんこう》は、武器の後に、行間追記のかたちで挿入されている。

8 鏡二〇面は、大きさと背面装飾を基準に並んでいる。大型の、重量の大なるものは杉製八角の鏡箱、それ以下のものには、漆皮《しっぴ》箱が付属する。この後に、漆胡瓶《しっこへい》が記されているが、いささか落ち着きを欠く。

9 屏風一〇〇畳は、画屏風二一畳、鳥毛屏風《とりげのびょうぶ》三畳、鳥画屏風一畳、夾纈《きょうけち》六五畳、﨟纈《ろうけち》一〇畳、多くは一畳六扇である。

10　大枕《おおまくら》、御軾《おんしょく》、挟軾《きょうしょく》は肘突《ひじつき》の類。御床《ごしょう》は一対のベッドである。

以上の品目からなる国家珍宝帳の内容構成については、いくつかの先行見解があるが、最近の北啓《きたけい》太《た》氏の説が傾聴に値する。北氏は、記載品を逐一検討したうえで次のように述べた。

> リストは、天皇の身にまとうものを筆頭に、おおむね内から外へと配列し、最後は調度品のうち、くつろぎの場を示す座臥具《ざがぐ》によって締めくくったもので、聖武天皇を囲繞《いにょう》する空間に存在する品々を描き出したものとみる。後半に並んだ品には、側近官司の管理が介在したことが想定されるが、その場合の配列順は朝廷の官司の配列と対応する可能性がある。つまり、その部分は在りし日に人々が奉仕した如《ごと》き姿を映し出すものであり、全体として聖武天皇をめぐる空間を構成し盧舎那仏に献納した、ということになる。

なお、この六百数十点のうち、約一一〇点が現存するといわれている。

(2)「種々薬帳」の品目構成

種々薬帳の品目については、納櫃を基準に整理してみたが、次のような点が指摘できる。

全体を概観すると、最初の二櫃までに献納薬物六〇種の過半にあたる三六種を納め、ついで量目の多い桂心《けいしん》から甘草《かんぞう》までを配し、最後の二櫃には壺・埦《わん》・合子《ごうす》に入った薬物を置く。貴重な薬種である

種々薬帳の品目構成

第１櫃　薬物28種（麝香《じやこう》・犀角《さいかく》〔２種〕・犀角器《さいかくき》・朴消《ぼくしよう》・蕤核《ずいかく》・小草《しようそう》・畢撥《ひはつ》・胡椒《こしよう》・寒水石《かんすいせき》・阿麻勒《あまろく》・菴麻羅《あんまら》・黒黄連《こくこうれん》・元青《げんせい》・青葙草《せいしようそう》・白皮《はくひ》・理《り》石《せき》・禹餘粮《うよりよう》・大一《たいいつ》禹餘粮・龍骨《りゆうこつ》・五色龍骨《ごしきりゆうこつ》・白龍骨《はくりゆうこつ》・龍角《りゆうかく》・五色《ごしき》龍歯《りゆうし》・似龍骨石《じりゆうこつせき》・雷丸《らいがん》・鬼臼《ききゆう》・青石脂《せいせきし》・紫鑛《しこう》・赤石脂《しやくせきし》）

第２櫃　薬物８種（鍾乳床《しようにゆうしよう》・檳榔子《びんろうし》・宍縦容《にくしようよう》・巴豆《はず》・無食子《むしよくし》・厚朴《こうぼく》・遠《おん》志《じ》・呵梨勒《かりろく》）

第３～５櫃　桂心《けいしん》

第６～８櫃　芫花《げんか》

第９～11櫃　人参《にんじん》

第12～14櫃　大黄《だいおう》

第15～16櫃　臈蜜《ろうみつ》

第17～19櫃　甘草《かんぞう》

第20櫃　薬物16種（芒消《ぼうしよう》・蔗糖《しよとう》・紫雪《しせつ》・胡同律《こどうりつ》・石塩《せきえん》・猬皮《いひ》・新羅羊脂《しらぎようし》・防《ぼう》葵《き》・雲母粉《うんもふん》・密陀僧《みつだそう》・戎塩《じゆうえん》・金石陵《きんせきりよう》・石水氷《せきすいひよう》・内薬《ないやく》）

第21櫃　狼毒《ろうどく》・冶葛《やかつ》

麝香《じゃこう》・犀角を筆頭に据え、最後の第二一櫃は、毒性の強いものを隔離しておくなどの点からみて、これは単に収納の便を図っただけではなく、薬の品等など、薬学の体系的な知識にもとづく納置方法だったというべきだろう。このように一定の意図にもとづいた薬物のセットであれば、聖武天皇崩御後、献納の発意によって新たに編成され、その作業と並行して薬帳が書かれたとみるのが自然である。願文の内容をみても、薬と聖武天皇との直接の関連はうかがえず、光明皇太后が孝謙天皇の助力をえながら主体的に献納を行ったとみるべきであろう。

薬物については、第二次世界大戦後の昭和二三（一九四八）～二四年（昭和二五～二六年に補充調査）と、平成六（一九九四）～七年の二回にわたって、専門家による調査が行われた。前者は正倉院宝物の特別調査の幕開けを飾るもので、公表された報告書は、学術的に高い評価をうけている。また、後者は、第一次調査以降の漢薬に関する科学的知識や資料の集積、成分分析手法の進歩、中国および周辺のアジア諸国における状況がしだいに明らかになってきたことなどをふまえ、再調査が行われたものである（このほかに分出薬物による補足調査が継続的に実施されている）。この二次にわたる専門家の調査を経て、現段階では、献納当初の六〇種のうち現存三八品目、亡佚《ぼういつ》二二品目との判定がなされている。その原産地は、中国を中心として、西方、南海にわたる広範囲に及ぶものであった。

二　天平勝宝八歳七月二六日、第二回の献納について

国家珍宝帳・種々薬帳から一月あまりを隔てて、欧陽詢《おうようじゅん》の真跡書屏風《しんせきしょびょうぶ》以下、いくつかの調度品が東大寺に追加献納された。

六月二一日の東大寺への献納（「国家珍宝帳」）を皮切りに、他の一七箇寺（南都の諸大寺を中心とするものだろうが、全容は不明。対象寺院には弘福寺《ぐふくじ》が含まれる）へ聖武天皇の形見として宝物が数種ずつ頒《わか》たれたことが、現存する「法隆寺献物帳」（天平勝宝八歳七月八日。東京国立博物館蔵。国宝）の記載から知られるが、この時期の一連の献納が進むにつれ、最初に献納が行われた東大寺への補足が必要と判断されたものであろう。ちなみに法隆寺には、このとき御帯・御刀子・青木香《せいもくこう》が献納されているが、「献法隆寺」という書き出し、奉献の趣旨を記す文章、巻末の関係者の連署など、国家珍宝帳と同じ規範のもとに書かれていることが明らかである。

3　天平勝宝八歳七月二六日献物帳（屛風花氈等帳。北倉159）

紙本墨書、巻子装一軸。縦二七・三センチ、全長六三センチ。緑色紙の原褾、桑木《くわのき》撥型軸端の原軸。外題は「東大寺献物帳」。本紙二張は、表紙と同様の緑色紙。縦横の墨界を施し、紙面全体と外題

上に「天皇御璽」を捺す。献納品は、欧陽詢の真跡書屛風・王羲之諸帖の臨書屛風・花氈《かせん》・鞋《くつ》・銀薫炉《くんろ》など。

献納された品は、銀平脱梳箱《ぎんへいだつくしばこ》に納めた阮咸・琴・箏・琵琶・五絃琵琶の絃のような、明らかな献納漏れの追加（右の楽器はいずれも国家珍宝帳記載の品目中にみえる）も含まれるが、筆頭に掲げられた屛風二具、銀薫炉、最後の青斑鎮石《せいはんのちんせき》まで含めて、全体を「調度」の語で概括しても誤りではないだろう。

「献東大寺」と書き出して、すぐ品目の列挙に移り、締めくくりも、この献納が七月一七日の勅によるという事実を記すのみ。この素っ気なさは、明らかに六月二一日の奉献と一体になってはじめて完結する、ということが暗黙のうちに了解されていたことのあらわれであろう。日付の後に、藤原仲麻呂・同永手・巨萬福信・巨勢堺麻呂《こせのさかいまろ》・賀茂角足・葛木戸主の連署があるが、これは1・2に登場した顔ぶれに堺麻呂が加わったものである。

三　天平宝字二年の献納について

ここまで三巻の献物帳が物語る宝物献納についてみてきた。私は、ここまでで主要な品の献納はほぼ終わったと考える。続く天平宝字《てんぴょうほうじ》二年（七五八）の二回の奉献が、単一の品の献納であることをはじめ、さして長いときを隔てたわけではないのに、どこかニュアンスを異にするのも、そのためであろう。献物帳の表面にあらわれない変化が反映しているようでもある。

この間には、二年弱の歳月が経過し、年号もあらたまっている。

橘《たちばなの》奈良麻呂《ならまろ》の陰謀が発覚し、廟堂《びょうどう》をゆるがす大事件となったのもこの間の出来事である。国家珍宝帳以下に名を連ねた人物の運命も、この事件では、大きく揺れ動いた。

もともと橘奈良麻呂の謀議は、皇太子大炊王《おおいおう》（のちの淳仁《じゅんにん》天皇）と紫微内相《しびないしょう》藤原仲麻呂を除くことを主眼としたものだった。ここで反対勢力を一掃した仲麻呂は、叔母にあたる光明皇后の存在を後ろ盾に、権勢はなお盛んになっていった。また、巨萬（高麗）福信は、容疑者の逮捕に向かい、藤原永手はその取り調べを担当している。一方、賀茂角足は奈良麻呂の側の首謀者のひとりであった。逮捕後は名を「乃呂志《のろし》」と変えられ、「杖下《じょうか》に死す」と記されている。また、巨勢堺麻呂は、奈良麻呂の変が発覚するきっかけの一つとなった密奏を行った人物である。

なお、第3章でふれる曝涼帳《ばくりょうちょう》の記載から、天平宝字元年閏《うるう》八月二四日に、金薄綵絵木鞘大刀子《きんぱくさいえきさやのだいとうす》一口と人勝《じんしょう》二枚の献納があったことが知られ、この際の献物帳の末尾断片（紫微中台の巨萬福信・葛木戸主と造東大寺司《ぞうとうだいじし》官人が連署）が残っている。が、ここでみているような、御璽を捺したものとは様子が異なる。

4　天平宝字二年六月一日献物帳（大小王真跡帳。北倉160）

紙本墨書、巻子装一軸。縦二七・五センチ、全長八八センチ。縹《はなだ》色紙の原標、緑瑠璃《みどりるり》軸端の原軸。外題なし。本紙二張は、表紙と同様の縹色紙で、目に鮮やかである。界線を用いない。紙面全体に「天皇御璽」を捺す。王羲之《おうぎし》・王献之《おうけんし》父子の真跡書一巻が献納された際の献物帳。首行に「勅」、次行に「献東大寺」と書き出し、品目とその由緒、奉献の趣旨を記す。日付の次の位署は、藤原仲麻呂が自署を加えた「紫微内相従二位兼行中衛《ちゅうえ》大将近江守《おうみのかみ》藤原『朝臣《あそん》』」一名のみ。

このとき献ぜられた品は、表に書聖と称えられた王羲之（大王）の真跡、裏にその子で同じく名筆をもって知られた王献之（小王）の真跡が書かれたものである。献物帳は「奕世《えきせい》の伝珍」（代々伝えられてきた宝）と称し、聖武天皇が生前に鍾愛《しょうあい》した書蹟であったという。この品が、なぜか献納からもれ、篋笥《きょうし》のなかに遺っていたのを見出し、驚きながらも献納することになったと記されている。最初の献納時には、あえてこの品を手許《てもと》に留めていたという可能性も否定できないが、発見したときには、過去のいきさつ以上に、献納を急ぐ気持ちが勝ったのであろう。

そして四ヵ月後、最後の献納が行われた。

5　天平宝字二年一〇月一日献物帳（藤原公真跡屏風帳。北倉161）
紙本墨書、巻子装一軸。縦二八・八チセン、全長八五・五チセン。黄橡《きつるばみ》色紙の原褾、緑瑠璃撥型軸端の原軸。外題なし。本紙一張は、白色の上質紙で、紙の規格は国家珍宝帳の料紙に近い。粗い折界《おりかい》を用いる。紙面全体に「天皇御璽」を捺す。首行は「献東大寺」と書き出し、献納された藤原不比等の真跡書屏風二帖の品質形状、奉献の趣旨を記す。日付の次の位署は、藤原仲麻呂が自署を加えた「太保《たいほ》従二位兼行鎮国太尉藤原恵美『朝臣』」および巨勢関麻呂（3の堺麻呂と同一人）の二名。


最後に行われたのは、光明皇后の亡父である藤原不比等の真跡書屏風の献納であった。屏風は二帖一二扇。表面には、五色の紙、そこに真草とりどりの書とあるから、貼り交ぜ屏風のようなものを想像してよいだろう。

ここで献納の趣旨として述べられている「妾《しょう》の珍財これに過ぎるもの莫《な》し」は、光明皇后の肉声として聴くことができる。国家珍宝帳の願文では、格調の高い文章のなかに深く籠められていた想いは、ここでは直截《ちょくせつ》なことばとして表出している。大小王の真跡といい、藤原不比等の書屏風といい、現存しないのが惜しまれる。

最終二回の献納は、「先帝の玩好《がんこう》」大小王真跡書／「妾の珍財」藤原公真跡書屏風という二つの逸品を核に、「対」の発想が顕著である。

たとえばこれを天皇家／藤原氏という、系譜的な正統性意識における一対の象徴とみることが可能である。大小王真跡帳が「勅」と書き起こしたうえで「東大寺に献ず」とするのに対して、藤原公真跡屏風帳があえて「勅」とせずに「東大寺に献ず」と書くのは、双方を対等の地位に置こうとする意識の表出とみられる。この天皇家（王権）と藤原氏、そして双方の融合した国家（政権）と仏教（東大寺）という関係は、常に微妙な緊張関係を孕《はら》んでおり、これは献物帳全体を理解するための重要なポイントでもある。

また、料紙が縹（青）／白と使い分けられていることも同様で、ただちに想起されるのが、陰陽五《いんようご》行説《ぎょうせつ》における色の配当である。五行説では青／白は、東に対する西となり、両者は対をなすことになる。なお飛躍するなら、東王父《とうおうふ》／西王母《せいおうぼ》の連想を通じて、聖武天皇／光明皇后に直結できるのかもしれない。

この時期、光明皇后の体調が一時期かなり悪化したらしい。天平宝字二年七月に、「このごろ皇太后、寝膳《しんぜん》安からず、ようやく旬日《じゅんじつ》を経る」（『続日本紀《しょくにほんぎ》』）とあるほか、回復を願って進められたいくつかの写経・造営事業関係の史料から推定される。

四　献物帳の書について

献物帳が、奈良時代に作成された原本であり、一級史料であることはいうまでもない。しかし、その内容の利用価値だけではない。献物帳それ自身が、宝庫に納めて伝えられるべき存在であり、献納品の総体と釣り合うだけの重みをもったものである。そのような献物帳を、書の立場からみたらどうだろうか。かつて私は、国家珍宝帳をはじめとする献物帳の書風について考え、その結果を試論として発表したことがある。以下にその大要を述べてみたい。

「聖武天皇の崩御後、東大寺盧舎那仏に宝物を献納した際の目録」というシチュエーションを想定してみよう。献物帳は、成立の経緯からして、日常性を遥かに超えた「公的」の極致における書のあり方を示すとみてよいであろう。書としての格付けの高さもさることながら、そこでは「書く行為」が通常以上の自覚的なかたちで行われたはずである。

その場合、どのように書くか。私は、これらの書が、当代一流の書き手の手になり、その達成度の高さは認められると思う。しかし、創造性が自由に発揮され、存分に趣向が凝らされたというものではない。むしろ逆に、「このように書かねばならなかった」という書であったと思う。書き手は匿名のまま、そこから逸脱することなく書いているのである。では、その「あるべき姿」とは何か。私は、献物帳の書の似たもの捜しをしてみた。その結果は、次のようなものであった。

まず、国家珍宝帳の書は、中国隋代に活躍した智永《ちえい》の「真草千字文《しんそうせんじもん》」真蹟本に行き着いた。筆意・結体《けったい》といった字姿の面で酷似する文字を多く含みつつ、その書をもう少し謹直にしたような趣である。智永は、王羲之七世の孫で、その書は祖風をよく伝えたと評される。古典的とでも評すべき端正さ、線質の豊かさは、智永から遡って王羲之へと流れをたどりうる特徴であろう。つまりこの現象は、国家珍宝帳の筆者が、献物帳自身にもみえる書聖王羲之の楷書《かいしょ》を意識し、書の第一位に王羲之の楷書を置いた結果にほかならない。当時の王羲之の書の存在を考えると、直接には、東大寺献納品のなかの書法「真草千字文」そのものに影響をうけながら書いたと考えてよいのではなかろうか。法隆寺献物帳も同じ書き手によるものとみられる。

右の論を発表した後に、川上貴子氏によって、顔真卿《がんしんけい》の書で、国家珍宝帳により近いとみられるものが紹介された。中国・日本の書の歴史を太く貫く王羲之の書法の流れ、これを大前提として、唐代のある時点においてそれをきわめたのが、顔真卿の前半期の書であった、と現在の私は理解している。

次に、種々薬帳の書であるが、かつて神田喜一郎氏はこう評された。

「『国家珍宝帳』の書に比べて、ずっと柔らかく優美である。そうして古法を存している。正倉院聖語蔵《しょうごぞう》に蔵する隋の大業《たいぎょう》六年（六一〇）書写に係《かか》る『賢劫経《げんごうきょう》』の書などと相似たところがあって、

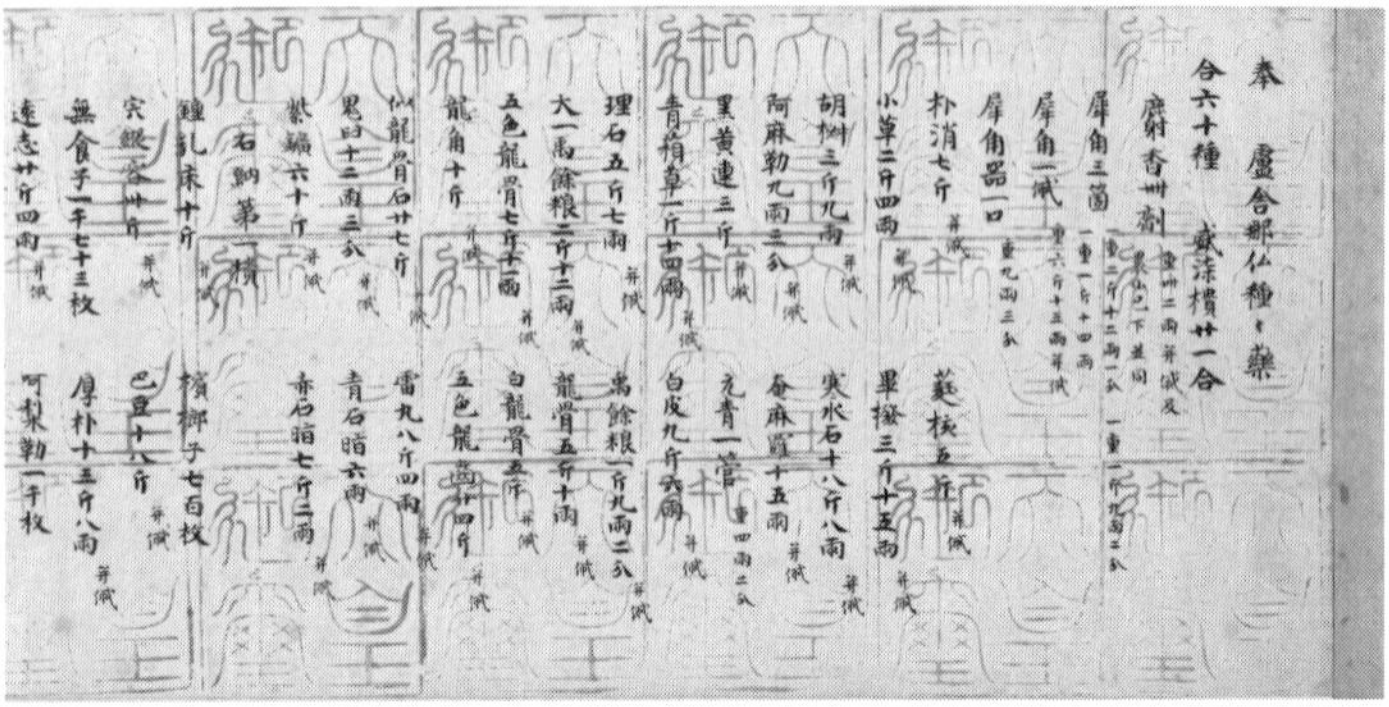

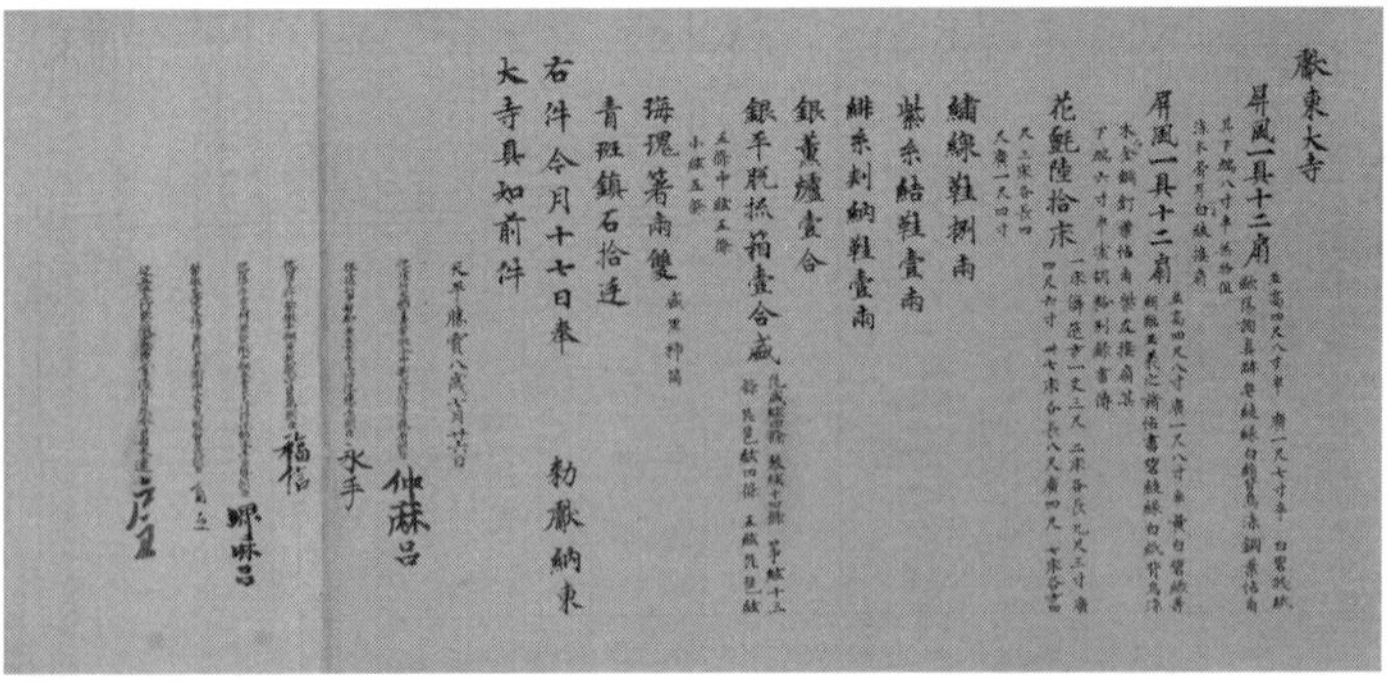

（上）種々薬帳

（下）屏風花氈等帳

この２巻が上下に並ぶのは珍しい．中国書史のうえでは，南と北とを代表する書風といえるかもしれない

おそらく『国家珍宝帳』の書者よりも一時代前に行われた古い書法を習った名人の手蹟かと思う」（『正倉院の書蹟』。以下同じ）

私の見たなかでは、京都国立博物館所蔵の大般涅槃経《だいはつねはんぎょう》巻一七（隋、仁寿《じんじゅ》三年〔六〇三〕書写）が、非常な親近性があるように思う。ところが、神田氏の見立ても、私の印象も、「なぜこの時期に、この古風な書なのか」、という謎《なぞ》につながる。

私の考えはこうだ。このとき献納された薬物に関して、豊富な知識によって多大な貢献をしたのが、唐から来朝した鑑真《がんじん》を中心にした渡来僧グループであったはずである。「種々薬帳の書」の源流もまた、そのなかに含まれていたのではあるまいか。

鑑真自身も、また彼に随行して来日した僧たちも、大きくいえば江南《こうなん》方面の出身者が多かったと推定される。彼らのなかでは、南朝貴族文化の正統を受け継ぐ知識階級の書こそ、献物の内容にもっともふさわしい書とされたに違いない。先の書風の謎は、「北朝風の影響をうけてもおかしくないこの時期に、南朝風の際立った書」と解くことができる。選ばれたのは、鑑真ゆかりの書風だったのである。

なお、巻末の位署書部分は、国家珍宝帳・種々薬帳で同筆と認められる。となると、本文と位署書の書き手が変わるというのは不自然である。ここから、湯山賢一氏は、実際に筆を執ったのは、能筆の内記《ないき》など、当時第一級の書き手で、位署書より前の本文（年紀まで）は、それぞれの内容にふさわ

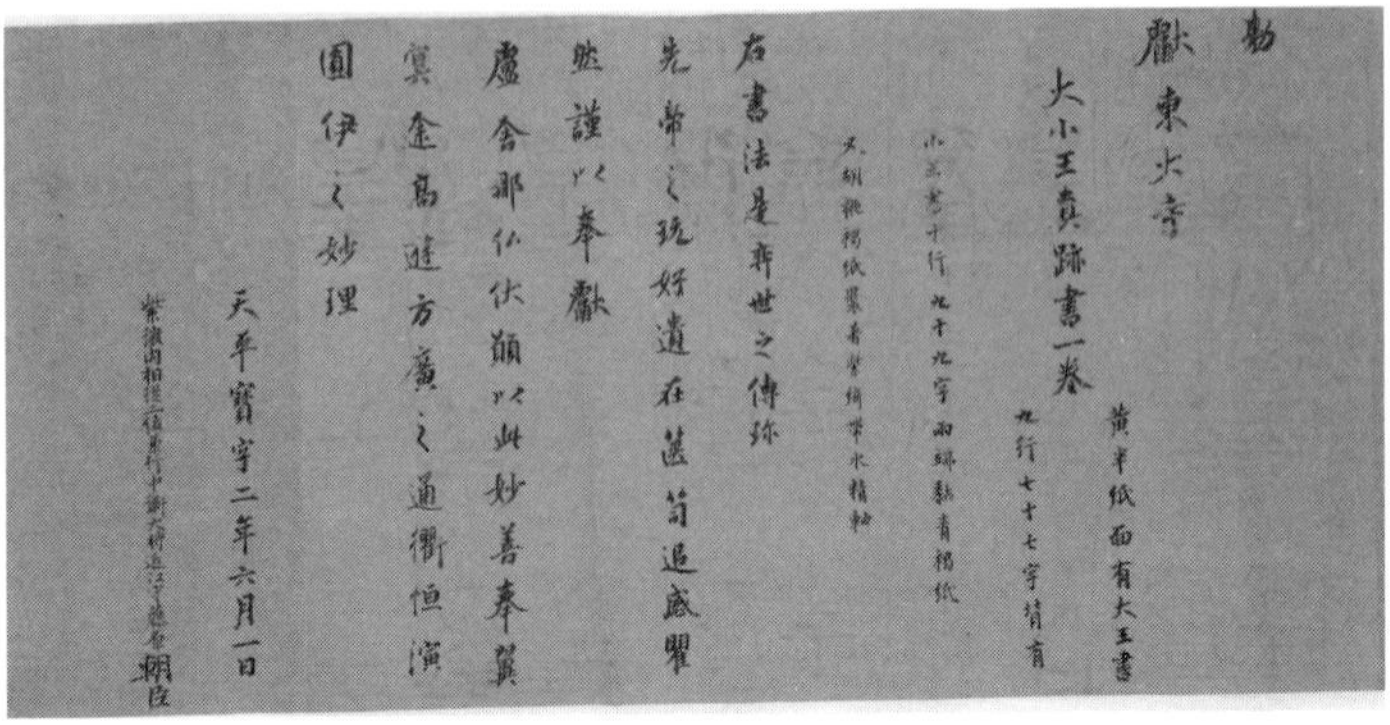

勅
獻東大寺
大小王真跡書一巻
右書法是奕世之傳弥
先帝々玩好遺在篋笥追感疇
悠謹以奉獻
盧舎那仏伏願以此妙善奉翼
冥途高遊方廣々通衢恒演
圓伊々妙理
天平寶字二年六月一日

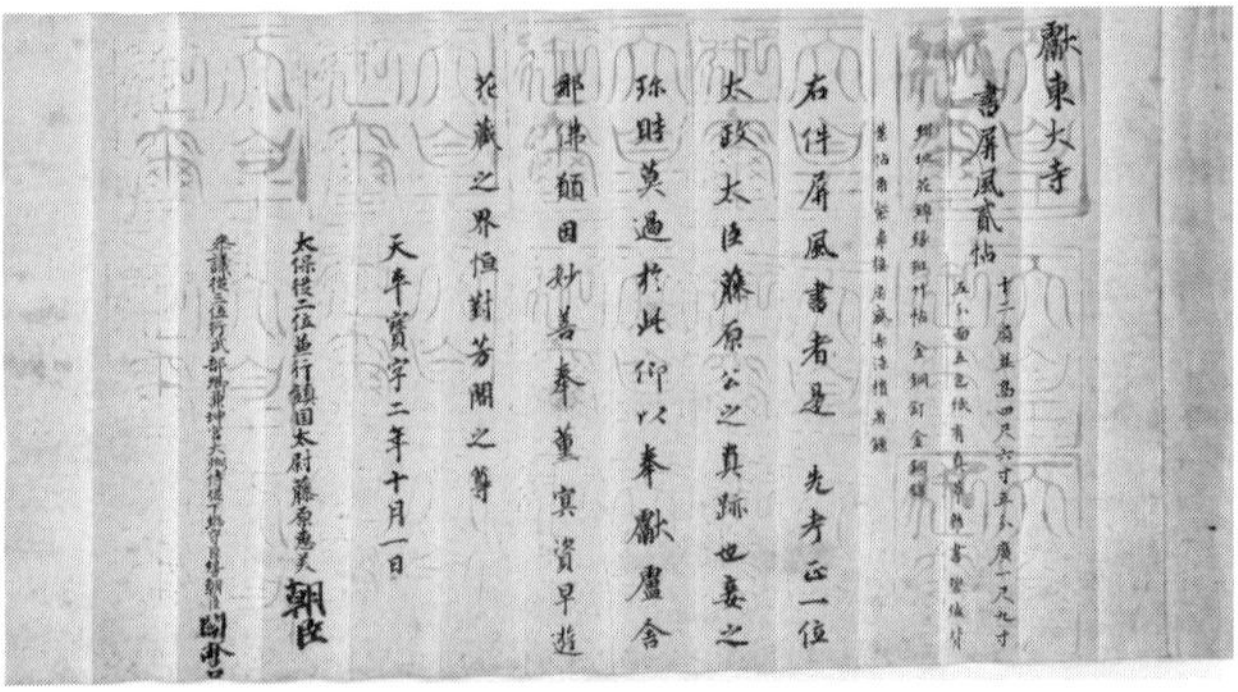

獻東大寺
書屏風貳帖
右件屏風書者是　先考正一位
太政太臣藤原公之真跡也妾之
珍财莫過於此仰以奉獻盧舎
那佛願因妙善奉翼冥資早遊
花蔵之界恒對芳閒之尊
天平寶字二年十月一日
太保従二位兼行鎮国太尉藤原恵美朝臣

（上）**大小王真跡帳**

（下）**藤原公真跡屏風帳**

料紙の青と白，流麗な文字は非のうちどころがない．界の折り目，御璽の捺し方が丁寧であればなおよかったしい書風で二つの献物帳を書き分けたもの、との見解を示された。聴くべき見解であろう。さらに補足すると、両者の位署書は、互いに同筆でありながら、一方で字配り、字の大きさなど、それまでの本文を書き続けてきた気分をそのまま引き継いで、両者で差がある。これも、湯山説の傍証となるのではないか。

屛風花氈等帳《びょうぶかせんとうちょう》の文字には、欧陽詢の楷書の影響がみられる。献納品の筆頭、飛び抜けて格の高い欧陽詢の真跡書屛風にちなみ、献物の内容にふさわしい書として、選択が働いた結果であろう。

最後に、大小王真跡帳・藤原公真跡屛風帳はどうか。神田喜一郎氏は、この二巻を同じ人物の手になるとしたうえで、「そうしてこれは非常な気品の高い名筆である。その姿態の妙をきわめているところなども、普通の写経生《しゃきょうせい》の輩の能《よ》くするところではない。いわゆる集王聖教序《しゅうおうしょうぎょうじょ》あたりを学んだ書家に相違ないが、褚遂良《ちょすいりょう》の枯樹賦《こじゅのふ》などとも相通じたところがある。もっぱら書法の上からいえば、この二帳をもって『目録』の圧巻と見たい」といわれた。

これも私は、献納品にちなむ選択とみる。行書が選ばれたのも、直接には献納された真跡書そのものに由来すると思われる。すなわち、「大小王真跡書一巻」の注記には、「黄半紙（通常の横長の料紙に対して、それを半分にしたサイズ）。面《おもて》に大王の書九行七十七字あり。背に小王の書十行九十九字あり。両端に青褐紙を黏《は》る。また胡桃《ことう》褐紙の裹《つつみ》。紫綺《むらさきのかんはた》の帯。水精《すいしょう》の軸」とあり、この書跡が、それなりに立派ではあるが、あまり類例をみない装幀《そうてい》のものであったことがわかる。注目したいのが一行の文字数で、表裏とも平均九〜一〇字ほど。この字数と、その時代の作品の相をあわせて考えると、この真跡書は、王羲之の書のなかでもっとも珍重される行草体の尺牘《せきとく》（手紙）の類であったと考えて大過ない。

奈良時代中葉において、人々が「書く行為」へ真剣に向き合うときの態度は、このようなものであった。つまり、書はいまだ自由に個性を盛る器とはなりえておらず、この意味で専門の書家も未成立であった。そういった書のあり方の極相《クライマックス》にあるのが、ここで取り上げた献物帳であった。

五　奉献という行為

本章の最後に、国家珍宝帳を例にとって、奉献という行為自体について考えてみたい。

先にもふれたが、一連の光明皇后による奉献行為の底には、一つの流れがある。天武天皇の嫡系たる聖武天皇と、藤原氏の直系である光明皇后の共治という強い意識である。国家珍宝帳に由緒を明記した品物については、本章でもいくつか紹介した。赤漆文欟木厨子《せきしつぶんかんぼくのずし》のように、代々の皇位に密着したものがある一方で、鎌足—不比等と続く藤原本宗家に伝わったものがあり（義慈王から鎌足に贈られた赤漆欟木厨子、「積善藤家《しやくぜんとうけ》」の印を捺した杜家立成《とかりつせい》）、さらには天皇家と藤原氏の累代の密接な関係を包蔵したものもあった（横刀・黒作懸佩大刀《くろづくりのかけはきのたち》）。この点を指摘したのが、関根真隆氏の卓説である。

そしてまた、この正統性にこだわり続ける限り、その嫡流は、孝謙天皇の代で途切れることも、光明皇后にはわかっていた。由緒ある品々を、盧舎那仏に献納したことについては、他流への継承を拒否する感情も強かったに違いない。

また、天平宝字二年の二回の献納にも、天皇家と藤原氏というモチーフが再び浮かび上がる。七月、「このごろ皇太后、寝膳安からず」と勅を発して、健康状態に憂慮の念を表明した孝謙天皇も、翌月には、皇位の重圧に疲れ、母后への孝養を尽くすことも思うに任せない、と述べて、淳仁天皇に譲位している。光明皇后の行動に、この現実が影を落とさなかったとは思えない。天平勝宝八歳の奉献と同じく、天皇家と藤原氏の関係の理想型を、象徴的な二つの品に託し、永遠の相のもとに移そうとしたのではなかろうか。

ここでもう一度、永続性ということについて考えてみたい。

今度は、「国家珍宝帳」全体の構成を、試みに模式図で示してみよう。

題　「奉為　太上天皇、捨国家珍宝等、入東大寺願文」

巻首願文　「妾聞……」

献納品リスト　「献　盧舎那仏」

巻末願文　「右件皆是……」
日付　天平勝宝八歳六月二十一日
位署書　藤原仲麻呂・同永手・巨萬福信・賀茂角足・葛木戸主

奉献の趣旨を記した願文は、巻首と巻末の二箇所に置かれている。

前の願文では、インドから流沙の西域を経て中国・日本へと達した菩提《ぼだい》僧正や、海を越えて苦難の末来朝した鑑真和上の事績をあげることから始まり、それを呼び寄せる力となった聖武天皇の徳と仏法への篤《あつ》い帰依が顕彰され、加えて、ゆかりの品々の奉献によって天皇の冥福を祈る章段に進む。後の願文は、前の願文をさらに凝縮した表現で繰り返し、同じく結びの部分で天皇が彼岸への往生を遂げることを願う。

ただ、中間部分のリストがあまりに長大なことが、本来一息で述べたかった献納の趣旨を二分割する結果となったのも事実である。遠く離れた願文それぞれに、文章としての安定感をもたせようとしたため、相互に重複する表現が多くなった。しかし、あくまで両者はひと続きの願文、献物帳の核心であり、リストの周囲を飾る額縁ではないのである。

つまり、この全体構成そのものが、奉献という行為そのものを、奉献された国家の珍宝、献じられた「もの」より上においていることを示す。

ここのところが、宝物献納を理解するためのポイントであろう。奉献という行為のもつ射程の長さは、ここに由来するのである。

第3章　宝物の保管と利用――「曝涼帳」の時代

第2章では、宝物の奉献について概観したが、そこで納められた品物はその後どう管理・運用されたか。以下の叙述では、まず保管・利用に関する史料を概観した見取り図を提示し、これらの史料によりながら、宝物出用の動向を大づかみに描いてみたい。

まずは、宝物献納の時点から、記録類がカバーする平安初期までを対象とし、編年的にみていくことにする。初回の献納（天平勝宝《てんぴょうしょうほう》八歳（七五六））から、最後の曝涼帳《ばくりょうちょう》（斉衡《さいこう》三年（八五六））あるいは出納《すいとう》文書にみえる宝物の最後の動き（貞観《じょうがん》二年（八六〇））まで、この間ほぼ一〇〇年の歴史をたどることになる。

過去の宝物が、いまに伝わるには、いろいろなあり方がある。たとえば、王墓なり地下宮殿なりに封じ込められ、何らかの偶然で再び世に現れたものがある。埋納のいきさつが文字通り刻みつけるように銘記されるものがある一方で、その記憶が忘れ去られ、遺されたものから推理するしかないことも多い。時間の経過以外、何もなかったことが歴史である場合もあろう。また、美術工芸品の多くが、持ち主の手から別の手へと受け渡され、富と権力のある場所へと引き寄せられていく。コレクションの集合離散と蓄積もまた、例を算《かぞ》えたらきりがない。

だが、正倉院の場合は、そのどれにも当てはまらない。それが「倉」として成立したことで、初発の時点から、いくつかの性格があらかじめ刻印されている。

地上の、手の届くところで、何かを保管する施設であり続けること。しかもそれが、公的な管理であればなおのこと、意識的に管理を行う「ひと」の存在が不可欠の要件となる。

そこにだいじな「もの」が保管してある。「もの」は必要に応じて動き、使われる。動かなくても、ある時点での現状を確認する必要が生じるときもある。「管理」が、その質まで問われるならば、それにふさわしい手続きをなぞって仕事が進められたに違いない。まして「もの」が倉を出るとなれば、何がきっかけで、その結果どうなったか。品物の出納をはじめ、事態の推移は、記録として残されただろう。

現在、宝物の献納とその後の管理運用に関わる文書群が北倉に納められている（七三ページ参照）。この一群の史料が着目する対象品は、現正倉院宝物の一部分（第1章三節のA群）にすぎないが、右に述べた、「もの」と収蔵する「倉」をめぐる動きという観点からすれば、一つの典型となるケースである。どの文書が、どのような位置を占めるか、その位相に注目しながら説明しよう。

まず1の献物帳《けんもつちょう》は、「もの」が倉に最初に入った時点の記録である。管理のための基本情報である名称・数量・識別のための特徴など、出生時登録の時点で周到な記載が用意されている。さすが第一級の宝物群である。

次に、「もの」に動きがあれば、各時点での動き――何が、どれだけ、いつ、どのような理由で、出たのか入ったのか――が時系列に沿って、帳簿（3のB）に記録されていく。同時に、その動きのきっかけとなる命令書も別のファイル（3のA）に順次綴《と》じ込まれていく。

一方で、元からあるものに、出入による増減を加味すると、その時点で存在すべき「もの」の数量が出る。この「倉内にあるはずのもの」と「実際にあるもの」を突き合わせて点検した結果が、2であり、検査官の報告書の体裁をとる。

さらに、現場では、容器ごとに、なかに何が入っているか、の情報（3のC）が必須《ひっす》である。このような情報も同じ内容のコピーが作られ、一つは容器に直接貼り付けるなどしてその現場に残し、一つは情報が集約される部門に送られたことが想定される。

じつは、良好な状態で伝わった献物帳に比べると、曝涼帳は傷みがみられる。出納関係文書にいたっては、ばらばらの断簡となっていたものが多い。現状での文書名を紹介しておくと、礼冠礼服《らいかんらいふく》目録断簡（北倉166）、雑物出入継文《ざつもつしゅつにゅうけいもん》（北倉167）、沙金桂心請文《しゃきんけいしんしょうもん》（北倉168）、出蔵帳《しゅつぞうちょう》（北倉169）、出入帳《しゅつにゅうちょう》（北倉170）、王羲之《おうぎし》書法返納文書（北倉171）、雑物出入帳（北倉172）、御物納目散帳《ぎょぶつのうもくさんちょう》（明治二七年〔一八九四〕編輯《へんしゅう》、北倉173）ということになる。これらのパーツから元の姿を復元するためには、相応の手続きを経なければならない。先学の業績をふまえて整理再編したものが前記の三系統なのである。

宝物の献納・管理に関わる文書

1　献物帳５巻

国家珍宝帳，種々薬帳

（天平勝宝８歳〔756〕６月21日献物帳．北倉158）

屏風花氈等帳

（天平勝宝８歳７月26日献物帳．北倉159）

大小王真跡帳

（天平宝字２年〔758〕６月１日献物帳．北倉160）

藤原公真跡屏風帳

（天平宝字２年10月１日献物帳．北倉161）

2　曝涼帳４巻

延暦６年（787）６月26日曝涼使解《ばくりょうしのげ》（北倉162）

延暦12年（793）６月11日曝涼使解（北倉163）

弘仁２年（811）９月25日勘物使解《かんもつしのげ》（北倉164）

斉衡３年（856）６月25日雑財物《ぞうざいもつ》実録（北倉165）

3　出納関係文書

A　「双倉《ならびぐら》北継文」（一枚物の貼継が基本）

……出用を命じる文書を貼り継ぐ．「もの」の動きの原因が示される．

B　「双倉北物用帳《ぶつようちょう》」（上下２巻の帳．天平勝宝８歳～貞観２年〔860〕頃）

……「もの」の動きを，リアルタイムで追いかけて記録していく帳簿．

C　容器ごとの収納品一覧（曝涼帳と同時期の一枚物）・その他

ここまでみてきたことの本質は、「正倉院という収蔵保管施設に、品物が納められている」こと以外にありえない。だが、そうだとしても、これだけ丁寧に記録が作成され、品物に寄り添うように同じ倉のなかで伝えられた事実は、場所の特殊性――そこに伝わったものの価値と、勅封に代表されるきわめて厳重な管理に由来する――が、たしかに他と隔絶したものであったことを浮かび上がらせる。

さて、天平勝宝八歳六月二一日の初回の献納が、同日であるにもかかわらず国家珍宝帳《こっかちんぽうちょう》・種々薬帳《しゅじゅやくちょう》と献物帳を分けて、二件の献納として行われたのは、奉献の趣旨が両者で異なるためであった。国家珍宝帳は、宝物が盧舎那仏《るしゃなぶつ》とともに永世保存されることを願っている。種々薬帳は、将来必要に応じて、薬物が病者救済のために出用されることを予想している。この二つの方向は、その後に献納された宝物を含めて、その保存・利用のあり方に基本的な方向付けを与えている。

一　薬物の保管と出用

はじめに薬物の出用について述べよう。

薬に限らず、献納以後、平安初期までの時期の、倉からの「もの」の出入は、先にみたAの「双倉北継文」とBの「双倉北物用帳」の記載が相補うようなかたちで、その状況を語ってくれる。また、四通の曝涼帳は、四つの時点での定点観測記録だが、薬の場合はとくに、書き入れや、相互の記載の差を通じて、各ポイント間の動きがみえることが多い。以下、AとBから知られることを中心に述べ、曝涼帳そのものについては、本章のなかにコラム風に挿入することにする。

なお、薬物の動き全般について、これらの史料にもとづいて歴史的変遷を整理した業績に三宅久雄氏の「正倉院薬物の歴史」（『図説 正倉院薬物』所収）がある。

光明皇后在世中

献納後まもない天平勝宝八歳（七五六）一〇月三日に、光明皇后ゆかりの施薬院《せやくいん》に貴重薬の人参《にんじん》が下された。使用量五〇斤は、献納全量の一割弱、目的は「合薬料」とみえ、御製（光明皇后自身のサインがある命令書が出たのであろう）によると記されている。薬物は、これを皮切りに当該時期一〇〇年の全体にわたって出用が確認される。

天平宝字《てんぴょうほうじ》二年（七五八）一二月一六日には、冶葛《やかつ》三両が内裏へ、同三年三月二五日には、桂心《けいしん》一〇〇斤が施薬院へと取り出されている。桂心出蔵の前に、施薬院から出された申請書には、承認を示す「宜」のサイン（筆者は天皇・上皇《じょうこう》・皇太后の各説あり）が加えられ、別に保管されている。ここで桂心も、全量の五分の一弱が早くも倉の外に出たことになる。

光明皇后は翌四年六月七日に崩じているので、ここまでが皇后在世中の出用となるが、亡くなる前々月の閏四月には、五大寺に対し、雑薬《ぞうやく》二櫃・蜜《みつ》一缶の施入を行ったと『続日本紀』にみえ、施薬院や薬に強い思いをもっていたことがここにもしのばれる。

光明皇后崩御後—称徳朝

天平宝字五年三月二九日には、多種の薬が取り出された。防葵《ぼうき》・金石陵《きんせきりょう》など二一種が内裏へ、猬《い》皮《ひ》・呵梨勒《かりろく》など一六種が諸病者に施すためにという目的であった。後者は、まさに薬物献納の主旨に沿うものであり、具体的な支給先としては、聖武天皇の看病の際にも功のあった安寛《あんかん》、唐僧曇浄《どんじょう》・法《ほう》進《しん》、明智《みょうち》という名がみえる。また、「諸人に施す」料として、献納薬物のなかで分量が多い甘草《かんぞう》・大《だい》黄《おう》・人参・桂心の四種について、各辛櫃《からびつ》一合分を、「双倉《ならびぐら》中間」（中倉）に移している。これは献納当初総量の五分の一から三分の一に相当する量であり、先々の需要を見越して、北倉の開閉が頻繁になるのを回避するのが目的であろう。

これに対して、内裏への出蔵は、少し違うニュアンスが感じられる。

このとき使いに立ったのは、紫微中台《しびちゅうだい》（光明皇后のため設置された官）在任の経歴があり、当時、施薬院の事務長的な立場にあった高丘枚麻呂《たかおかのひらまろ》であった。命令をうけて即日正倉院に赴き（「双倉北物用帳」にも署名がある）、薬を受け取ってそのまま内裏へもち帰ったと記される。薬の種類も量も少なくはない。たとえば、南方の産品で貴重だったはずの胡椒《こしょう》は、献納量三斤九両のきっちり半分が、犀《さい》角《かく》も袋に入った分のすべてが、ここで取り出されている。献納の犀角は、三個と一袋と記される。個で算えるほうは、器に加工されており（現存）、削って使用した痕跡《こんせき》もあるが、ちょっと使うには気がひける。袋入りのほうは、おそらく細片となったもので、こちらのほうがずっと使いやすかっただろう。この薬、天皇が手許に置いて、さらに臣下への下賜を考えていたのかもしれない。こうなると僻目《ひがめ》でもって、後段の、病者への施し、というのも出用の正当性を示す一種のポーズ、薬をもらった安寛・法進が立会人としてここに署名をしているのも、何か裏でもあるのかと勘繰ってしまう。

次の出蔵は、天平宝字八年七月二七日、桂心一五〇斤を施薬院に出している。「桂心が尽き、捜して買おうにも、モノがなく、雑薬の合作が停まってしまった」という施薬院の申請をうけて、東大寺に保管する桂心の出用を命じる文書は、「双倉北継文」のなかに現存している。「双倉北物用帳」がその次に記し留めたのは、その翌々月に起こった恵美押勝《えみのおしかつ》（藤原仲麻呂から改名）の乱の際の出蔵品である（後述）。この乱ののち、しばらく薬物の出用は記録にはみられず、光仁《こうにん》・桓武《かんむ》朝の交に至って散発的な事例がある。

光仁・桓武朝

すなわち、宝亀《ほうき》一〇年（七七九）一二月、親王禅師《しんのうぜんじ》（早良《さわら》親王。出家して東大寺に入っていた）に奉るために冶葛四両が出され、天応《てんおう》元年（七八一）八月には桂心以下七種の薬が造東大寺司《ぞうとうだいじし》に充てられている。

しかし、薬物出用が、再び活発化するのは、延暦《えんりゃく》一三年（七九四）以後である。この点について、いちはやく注目されたのは元正倉院事務所長の後藤四郎氏であり、最近では、鐘江宏之氏が、延暦一三年の薬物出用について深く掘り下げた研究報告を行っている（二〇〇五年、第二四回正倉院文書研究会で、この報告を間近で聞くことができた。私の記述もこれに多くを負っている）。

この時点まで、天応・延暦年間には、宝物の動き（とくに出蔵）がほとんどみられず、他方で、現在記録が残る四回の曝涼点検のうち、二回（延暦六年、同一二年）が実施されている。そして、一二年曝涼点検の直後、延暦一三年の急転回。このタイミングの意味については、後で考えてみたい。

延暦一三年における薬物の出用は、それ以前の状況と異なっている。

きっかけは、四月、藤原小黒麻呂《おぐろまろ》の願い出によるものであった。個人からの申請は、本来の趣旨からみても、それまで受け付けた例はみえず、とくにこの場合「大納言藤原朝臣小黒麻呂に賈《う》りたまわる薬に出し充てんがために」との文言をみると、彼は代金を支払うことを前提に願い出たらしい。小黒麻呂は、宝亀年間の倉の開閉に立ち会い、宝物の勘検や出し入れについては場数をふんでいたとはいえ、大胆な申し出である。ところが、結果もまた、驚くべきもので、小黒麻呂の申請に許可を与えただけでなく、あらためて太政官牒《だいじょうかんちょう》による命令を出し直して、彼の申請に内裏で用いる分を上乗せした、さらに多量の薬が、内裏へ出蔵されたのである。

もっとも、これをもう少しひねくれずに解すれば、いったん許可はしたものの、前例を顧みて、個人申請に直接応じたというかたちを避け、一度内裏に出した分からの再賜与としたともみられる。他にも、「高級薬の大黄を一斤ずつ下賜された藤原内麻呂《うちまろ》・菅野真道《すがののまみち》の分、あわせて二斤は、小黒麻呂申請分五斤に対する支給量三斤（減額二斤）の埋め合わせとして使われた可能性がある。内麻呂・真道は、桓武天皇の内意を承けて、大黄を持参して小黒麻呂を見舞ったのでは？」など、どの薬がどのルートを通じて誰に、という点を追及した鐙江氏の考証もまことに興味深い。なお、小黒麻呂の申請は、病が相当重かったことによるとみられ、薬を入手した甲斐《かい》もなく、この年七月に亡くなっている。

それにしても、前年に、曝涼点検を行って、現在量を確認した帳簿が完成したばかり。そこへこのたびの出蔵である。久しぶりのことでもあるし、いろいろ異例との噂《うわさ》も聞こえてくる。このような事態を迎えたとき、現場はどうであったか。古くからのしきたりを大事にしていた関係者の間に、ちょっとした波紋が起きたかもしれない。あわてるな、落ち着いて、冷静に。厳正な手続き、数量の間違いがあってはならぬ。……

が、これはまったくの臆測《おくそく》でもない。このときの関係記録には、ちょっと珍しい記載が残っている。まずは完成後ほどない延暦一二年の曝涼帳である。また小黒麻呂の申請を受け付けて、僧綱《そうごう》・東大寺三綱に薬の出用を命じた太政官牒（現在「東南院文書《とうなんいんもんじょ》」のなかに収められている）も然り。どちらにも、出用の記事やチェックの記号の下に、「鈴」に似た文字がやや大きめに書き加えられている。

権威ある『大日本古文書』での翻刻も「鈴」としている。たしかに写真などを見直しても、文字は、そう読むのが素直であろう。鐙江氏は、「鈴」を含む名の官人のサインか、ただしそれらしい人物は未詳、と述べた。だが、それでは意味がとおりにくい。私は内心別のことを考えていた。出用の品目に書き添えられた「鈐」の位置をみると、記入した文字や記号の末端を封じるようなあたりに書かれている。これは、後から記載が追加され、内容が改変されるのを防ぐ処置ではないか。「鈐」の正体は、紙面への押印を意味する「鈐《けん》」を書こうとしたもの、と私はみる。普段使う字ではないので、微妙なところを違えたままの思い込みがあっても不思議ではない。

ともあれ、記入箇所のいちいちに認め印を捺《お》すような(「鈐」のニュアンスからいえば、もっと上位の押印がふさわしいと思われたのかもしれない)態度には、心ならずも異例に向き合わざるをえなかった担当者の、臆病なくらいの慎重さを感じる。仕事上の末裔《まつえい》である私には、当事者として同情を禁じえないものがある。

以後、堰《せき》を切ったように、内裏への出蔵が行われるようになった。

延暦一三年六月一三日、檳榔子《びんろうし》一〇〇枚を内裏へ。

同年九月一三日、呵梨勒一〇〇枚、人参二斤、大黄三斤、甘草三斤を内裏へ。

同一八年一一月一一日、大黄二〇〇斤、甘草二五〇斤、小草《しようそう》二斤四両、檳榔子七四丸、桂心八〇斤、呵梨勒二〇〇顆、麝香《じやこう》五剤を内裏へ。

同二一年一一月二一日、大黄六〇斤、甘草六〇斤、人参一斤、呵梨勒一〇〇顆、宍縦容《にくしようよう》一四両を内裏へ。

同二二年正月二三日、大黄六斤、桂心六斤、甘草六斤を病僧に施すために。
同二四年一一月一五日、桂心九斤、甘草九斤を病僧に施すために三綱所へ。
＊なお、薬は普通小斤で計るが、実際には大斤での計量も行われた。この場合は「大」の注記があるので、いちいち断らずに三倍して小斤に換算した。

このように、延暦一二ないし一三年をターニングポイントとして、以後、薬物の出用は前の時期より活発に行われた。なかには病僧への施薬例もあるが、主たる行き先は平安京内裏であった。薬だから病者への下賜が主目的と考えられ、また、この頃に亡くなった皇族や高官も支給先として浮かぶが、もう少し広く眺めてみると、桓武天皇が薬の下賜を通じて周囲との結びつきを強めようとしたという見解もなるほどと思われる。

これに続く平城《へいぜい》朝は約三年と短く、前後の時代との連続性について評価するのは難しい。大同《だいどう》元年（八〇六）九月七日に白犀角の出蔵記録があるが、献納薬物の犀角とは名称・寸法・重量のいずれも一致せず、国家珍宝帳の赤漆欟木厨子《せきしつかんぼくのずし》の納物であった白犀角の出蔵とみたほうがよい。延暦を過ぎたこの段階では、珍宝帳か薬帳かという出自の違いという意識はすでに薄れ、犀角であることしか見えなかったのであろう。なお、珍宝帳の該当箇所の上方には、「見大六斤十両二分」と、本来の記載重量と異なる数値の墨書付箋がみえるが、この数値は、「延暦十二年曝涼帳」や大同の記事にほぼ一致する。国家珍宝帳の付箋については謎が多いが、この場合の「見」は、大同に近い頃に求められるわけで、解明の一つの手がかりとなろう。

なお、香薬の点検、曝涼は、この後は、嵯峨《さが》天皇即位後の弘仁二年（八一一）まで行われなかった。小黒麻呂の申請に始まる延暦一三年四月の記事は、「延暦十二年曝涼帳」に追記のかたちで記され、延暦一三年六月以降は別の帳に記される。

嵯峨朝以降

ここがいわば分水嶺《ぶんすいれい》であって、延暦一三年六月以降の出用は、その都度の記録にもとづき、「弘仁二年九月二十五日勘物使解《かんもつしのげ》」に集約して書き入れられている。弘仁二年の作業には、薬物の現在量検定も含まれ、袋・裹《つつみ》などにも、その斤量が記入されている。また、曝涼の対象とされた「彼《か》の寺の資財ならびに官物」の二種のうち、永年保存を旨とした献納宝物が「資財」の内実だとすれば、香薬は「官物」と意識されたことになる。

さて、弘仁二年以後も、桓武朝後期にみられた内裏や貴族・病僧への出用は続く。

弘仁五年六月一七日、麝香六剤、犀角四枚を出蔵。

同七月二九日、麝香六剤を返納し、桂心・人参・大黄・甘草各九斤、無《む》食子《しょくし》一〇〇丸、胡椒一斤一二両二分を病僧に施すため出蔵。

同一三年三月二六日、行法所《ぎょうぼうしょ》への出蔵品のなかに浅香《せんこう》八斤四両、紫鑛《しこう》八斤四両、麝香九両二分あり。

同年五月六日、甘草・人参・桂心・遠志《おんじ》・大黄各九斤、無食子二〇〇丸を病僧に施すため出蔵。

そして、天長《てんちよう》三年（八二六）九月一日には、甘草□斤、人参五斤、大黄三斤、桂心五斤、宍縦容一斤、大一禹《たいいつう》餘粮《よりよう》一斤、遠志一斤、密陀僧《みつだそう》七両を病僧に施すために出されているが、「双倉北物用帳」から明らかな出蔵の記録はこれが最後となっている（記事はもう少し続いたとみられるが、現在は欠失）。

さらに、前回から四五年ぶりに行われた斉衡《さいこう》三年（八五六）六月二五日の宝物点検の際には、「雑財物実録」と称する記録が作成された。このときには、弘仁二年と同様に、現在量の検量が行われたことが、現存する袋・裹の墨書銘から知られる。ただし、今回の点検の対象は「雑財物等」と記され、薬についても現在量を淡々と記すのみである。香薬を特別視せず官物の一つととらえる兆しは弘仁二年帳にもみられたが、香薬に向けられていた関心はさらに低下している。

薬物の出用が終息に向かう背景としては、承和《じようわ》（八三四〜八四八）頃から唐の商船が来航しはじめ、香薬に対する需要が満たされるようになったという事情が想定されている。

しかし、宝庫内に残された薬がしだいに減っていったことも無関係ではないと思う。薬物のなかにも、人気のあるもの、ないもの双方があって、需要に偏りが出ることもやむをえまい。巴豆《はず》や芫花《げんか》など、毒性が強く人体に与える影響が激烈なものは、出用の記録もみられず、現在に残った量も多い。また、龍骨《りゆうこつ》・五色龍骨《ごしきりゆうこつ》・白龍骨・龍角《りゆうかく》・五色龍歯《りゆうし》・似龍骨石《じりゆうこつせき》など動物化石系の薬も、流行から外れていたか、使いこなせなかったのか、ほとんど手がつけられていない。一方で、貴重かつ人気のある薬物は、やはり放っておかれなかった。

この結果、献納薬物のうち、蔗糖《しょとう》は延暦六年（七八七）以前に、檳榔子・小草・紫雪《しせつ》は延暦一八年～弘仁二年（七九九～八一一）の間に、麝香・呵梨勒・胡椒は弘仁五年（八一四）に、犀角・密陀僧は、弘仁～斉衡間（八一〇～八五七）に、全量が費消された。また、量が多いため複数の櫃に分納してあった桂心、人参、大黄、甘草も、この時期を経て大きく量を減じている。残った分でも、たとえば「定」とされた人参のなかに、「塵」「不用」と注記されたものがあり、かつ現存品でも肝腎の主根部が残っていないことから、使用に堪えないものがほとんどということになる。京から離れた東大寺に保管された薬物は、往年の魅力を失ったと思われるのである。

「曝涼帳」について

正倉院の北倉に伝来した曝涼帳については、関根真隆氏が原本観察にもとづいて詳細な紹介を行っている（『正倉院宝物』北倉Ⅲ、毎日新聞社）。書誌等の基本情報も、そこに尽くされているので、要点のみの言及にとどめる。

延暦六年（七八七）六月二六日曝涼使解（北倉162）

全体に濡れて傷んだ痕があり、黴や染みのあとが全面にみられる。はじめのほうが状態が悪く、巻首は欠失している。天保《てんぽう》（一八三〇～四四）・明治の修理を経て、現在は「彫石尺八《ちょうせきのしゃくはち》」あたりから後の記載が知られる。品目全体の配列は、国家珍宝帳・種々薬帳・屏風花氈等帳《びょうぶかせんとうちょう》・大小王《だいしょうおう》真跡帳《しんせきちょう》・藤原公真跡屏《ふじわらこうしんせきびょう》風《ぶ》帳《ちょう》という奉献の順序を踏襲している。なお品目の最後に、「記書五巻」として献物帳自身も掲載されている。

長大な国家珍宝帳所載品を含む、献納宝物全体を対象とするものだから、長巻となることは避けがたいが、数や特徴に注目して同類のものは一括記載とし、部分的に二段組みとし、由緒や個々の寸法などを省略するなど、できるだけ簡潔になるよう、めりはりをつけた記載を目指している。逆に、出用・返納等、数の増減に関わる品目には、その理由を注記するなど、配慮がなされている。とくに、この時点まで、出用の頻度が多かった薬物にはこの方針が徹底しており、種々薬帳の記載量を基準として、用・損（自然損耗分）・見（現在量）の各分量が明記されている。作成の過程は、結びの文章によれば、六月一三日の太政官符により、香薬・雑物の曝涼を行った。品物を選び出して、「検珍財帳《けんちんざいちょう》」を基準に、ときに疑問や紛らわしい点があったら、献物帳を引いて改正し、「出帳」にもとづいて現在数を定めた、というものだった。本帳によって、他史料ではわからない品目の動きや、五巻の献物帳による献納以外にも少数の献納があったことなども

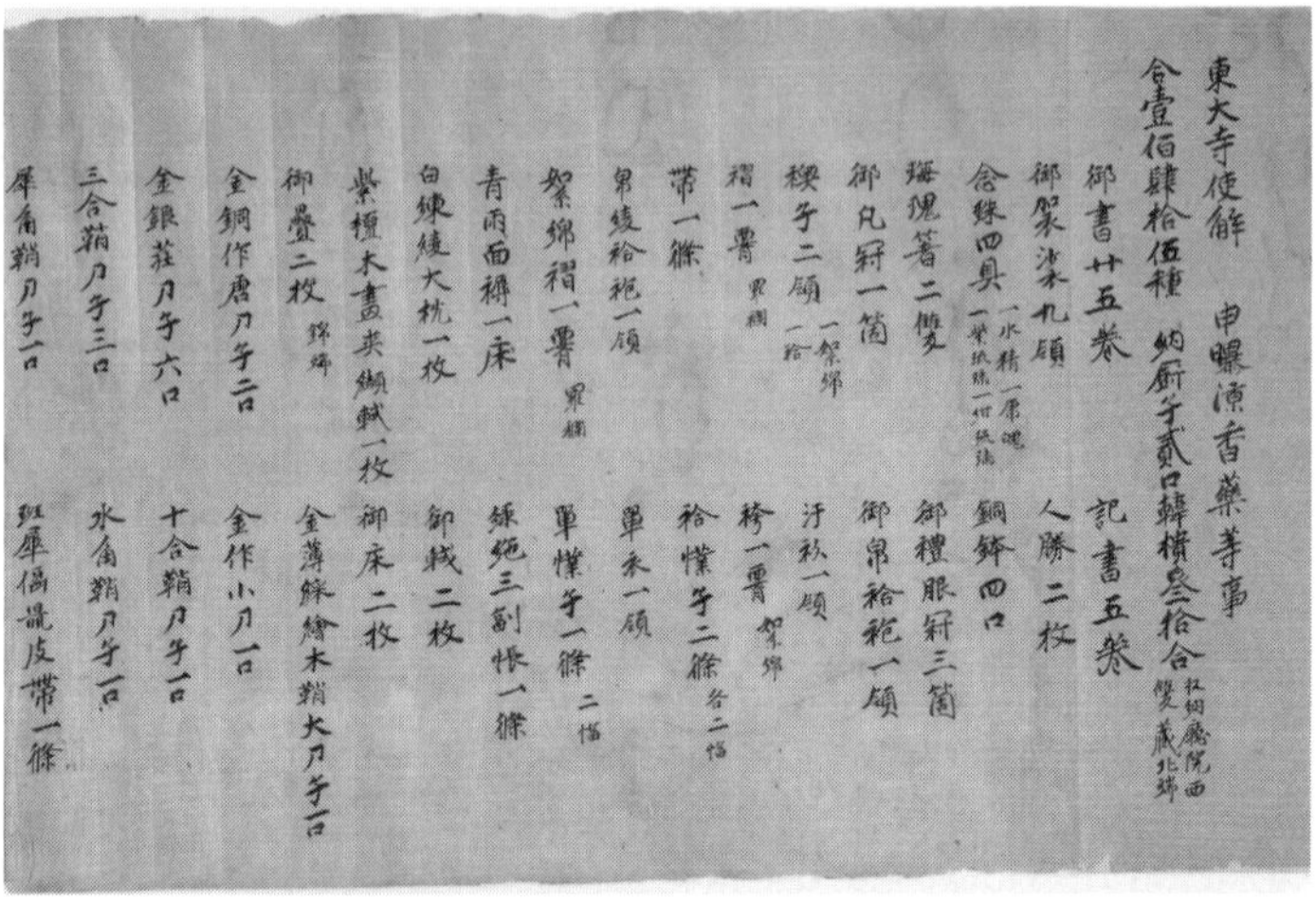
東大寺使解　申曝涼香薬等事
合壹佰肆拾伍種　納厨子貳口韓櫃参拾合 在綱庁院西雙倉北端
御書卄五巻　記書五巻
御袈裟九領　人勝二枚
念珠四具　銅鉢四口
瑠璃箸二隻　御禮服冠三箇
御凡冠一箇　御帛袷袍一領
楔子二領　汗衫一領
褶一腰　袴一腰
帯一條　袷幞子二條 各二幅
帛綾袷袍一領　単衣一領
袈裟褶一腰　単幞子一條 二幅
青雨面褥一床　縁絁三副帳一條
白練縫大枕一枚　御枕二枚
紫檀木畫挾軾一枚　御床二枚
御疊二枚 錦緣　金薄絵木鞘大刀子一口
金銅作唐刀子二口　金作小刀一口
金銀荘刀子六口　十合鞘刀子一口
三合鞘刀子三口　水角鞘刀子一口
犀角鞘刀子一口　斑犀偃鼠皮帯一條

延暦12年 6 月11日曝涼使解

知られる。末尾の署名には、派遣された使者のほか、僧綱・東大寺三綱・造東大寺司の関係者が名を連ねている。

延暦一二年（七九三）六月一一日曝涼使解（北倉163）

本帳は状態がよく、原標紙の一部も残る。書き出しは、「東大寺使解《げ》し申す　香薬等を曝涼する事／あわせて一四五種、厨子二口・韓櫃《からびつ》三〇合〈庁院の西の双倉の北端に収納す〉に納む」。これに続いて冒頭に品目と数量のみを二段に列挙した目録が置かれ、この後は赤漆《せきしつ》綾《あや》欟《つきの》厨子《ずし》・赤漆欟木厨子の収納物、続いて第一櫃から第三〇櫃の収納物、最後に櫃外に置かれた楽器・御床《ごしょう》・屏風を置く。最後のほうに、櫃三合に分納した礼服御冠《らいふくおんかんむり》・帛袷袍《はくのあわせのほう》などが加わる。これは東大寺大仏開眼会《かいげんえ》で聖武《しょうむ》天皇・光明《こうみょう》皇后が使用したもので、前帳にはみえなかったものである。

結びの文章によれば、「彼《か》の寺に在る香薬を曝涼せんがため」桓武天皇の勅を奉《うけたまわ》って五月二九日に右大臣の宣が出され、これをうけた太政官符が出て、実施の運びとなった。末尾の署名を前回と比べると、派遣された使者団に、監物《けんもつ》という役職の官人が加わり、僧綱・東大寺三綱とともに加わっていた造東大寺司がみえなくなっている。監物の職掌は「監察出納、請進管鑰《かんやく》」つまり、倉の鍵を内裏から借り受け、出し入れについて目を光らせ、終われば鍵を返上する、という役目である。

さらに最末尾に短い一紙が貼り継がれ、そこに「合三通〈一通は内裏に進《たてまつ》り、一通は御蔵に在り、一通は案を造りて三綱所に収む〉」とみえる。本帳は、この三通のうち、御蔵、すなわち宝物と同じ場所に保管されたものであろう。ここに集約された宝物の情報は、内裏に置かれた端末装置からも閲覧・検索が可能となったのである。なお、延暦一三年四月の薬物出蔵に関する追記がある。

弘仁二年（八一一）九月二五日勘物使解（北倉164）

延暦六年帳同様、湿損のあとが全面にあり、巻首を欠く。巻末の文言によれば、今回は、「彼の寺の資財ならびに官物を検ぜんがため」の使者派遣であった。新たに大和国司《やまとこくし》が署名者に加わり、京から離れた地での作業であることを感じさせる。

薬物部分の配列順は、前回点検時の延暦一二年帳までと同じであるが、納櫃のナンバーが、前帳のように数字の順とはなっていない。前回の点検の後に薬の大量出用が始まり、この弘仁点検時には現在量確認のため再検量を行っているので、少なくなった薬を、適宜まとめて収納したためであろう。献納当初に複数の櫃に分納されていた五種の薬は、芫花（三櫃）を除いた桂心、人参、大黄、甘草が、それぞれ一つの櫃にまとめられた。また延暦一三年六月以降の薬の動きも、履歴として記入されている。

前帳との間隔は一八年。「延暦一二年の曝涼使らの検帳」にもとづいての点検と記されている。六年後を目指したものの、薬子《くすこ》の変（弘仁元年〔八一〇〕）など、政情不安定な時期でここまでずれ込んだのかもしれない。本巻末にも「合三通〈一通は内裏に献じ、一通は三綱所に留め、一通は御蔵に収む〉」とみえ、前回のやりかたを踏襲している。

斉衡三年（八五六）六月二五日雑財物実録（北倉165）

本帳も、延暦六年帳、弘仁二年帳と同様、湿損を蒙《こうむ》っており、巻首の傷みがひどい。現存するのは、「雑集」以下御書の記載から後である。この前には、礼服礼冠についての記載があり、この部分は本体から分離して、別文書として整理され、「礼服礼冠目録断簡」という名称が与えられている。

前帳との間隔は四五年。巻末の記載は、「以前、雑《くさぐさ》の財物等、実録して申上すること件《くだん》のごとし」と記すのみ。署名者は、使・東大寺三綱・僧綱のみで、前回加わっていた国司の連署はない。

二　宝物の保管と出用

薬物以外の宝物についてはどうだろうか。

献物帳には、「国家珍宝を捨して……、東大寺に入れ、盧舎那仏および諸仏菩薩、一切賢聖を供養する」（国家珍宝帳）と謳《うた》われており、移ろいゆく人間世界から切り離して、仏世界への移管を宣言する。この、当初の永世保存の意思が時間の経過とともに漸減していく傾向と、折々の事情による対宝物観のゆれが組み合わさって、以下に述べるような、曲折のある経過をたどる。

光明皇后在世中

薬物出用の初例となる人参の出蔵があったのは、献納から四ヵ月に満たない天平勝宝八歳（七五六）一〇月であったが、歳があらたまった同九歳正月、沙金二〇一六両（約二八キロ）が、同じく「御製によって、大仏に塗り奉る料」として、造東大寺司《ぞうとうだいじし》に下された。ただし、これは献納品と同じ倉に保管されていたとはいえ、由緒を異にするもので、献納宝物の利用には該当しない（延暦六年曝涼帳に「銅鉢四口」がみえ、「もと沙金を盛る。今は空」と注記されているので、天平勝宝九歳の沙金は、この銅鉢に入っていた沙金の一部と重なる可能性がある。ただし、これは「献納宝物」の範囲をやや広くとった、延暦六年時点の認識が反映されている）。

明確に献納品とわかる品の出蔵は、天平宝字三年（七五九）を嚆矢《こうし》とする。前後二回行われている。まず、四月二九日に御斎会《ごさいえ》の堂装束のため花氈《かせん》六七床が貸し出された。屛風花氈等帳に記す献納時の枚数は、大小五サイズ、計六〇床で、これを上回る数となる。先の沙金の例もそうだが、曝涼各帳の記載からわかるように、献物帳による一連の宝物奉献以外にも、献納された品があった。また、大仏開眼会での貴顕の献物も、天平勝宝八歳以前の段階で、奉献品にさきがけて宝庫に入っていた可能性があり、花氈の場合も、こういったものをあわせて出蔵したものであろう。

ここでの使用目的は、五月二日に東大寺で行われる聖武帝の御忌（三周年）法要で使うためで、六七床を白木辛櫃五合に納めて「御斎会の堂を装束する料」として出蔵された。「借し充《か》てる」との表現は、当時の正倉院文書などで、「もの」の出納があるときにおなじみの言い方で、宝物出蔵の記事でも、明らかに後で返還されることを前提とした表現である。しかし、利用の趣旨としてはもっともなものであり、次回以降も同じような法要が営まれるたび、同じ申請がでることは容易に想像がつく。

それならば、いっそ長期貸与に、というわけで、私は事実上、東大寺への管理換《かんりがえ》を認めたものと解している。

ちなみに、（1）この出蔵に対応する還納記録がないこと、（2）正倉院北倉に現存する花氈には、東大寺印が捺されており、東大寺の什物《じゅうもつ》とみられること、の二点を主たる根拠として、献納された花氈と現存品とのつながりを否定するのが現在の通説である。しかし、献納品の花氈は、別の場所に「還納」され、やがて東大寺の什物としての扱いをうけた、と考えれば、むしろ、現存品の多くが献納品に遡る可能性のほうが高い。現存品は、北倉の三一枚以外に中倉所属分六枚（新一〜六号）があり、数は半数近くに減じているが、すべての花氈のサイズの散らばり方は、屏風花氈等帳の記載とよく一致する（かつては、寸法が合わない、とされていたが、この誤解は解消されている）。

同じく天平宝字三年一二月二六日には、聖武天皇が結納の品として皇后に贈った封箱、念珠一一具（国家珍宝帳の純金・白銀・瑪瑙《めのう》・水精《すいしょう》・琥珀《こはく》・真珠・紫瑠璃《むらさきのるり》各一具から四具増えている）を納めた犀角《さいかくの》奩《はこ》を取り出し、金鏤《きんる》宝剣二口〈一口の名は次田《すきた》、一口の名は大小咋《くい》〉・陽宝剣・陰宝剣・銀荘御大刀《ぎんかざりのおんたち》とともに出蔵している。

先にみた「双倉北物用帳」では、四月の花氈出蔵の記事と、次の天平宝字五年三月の薬物出用の記事との間が、紙の継目にあたっており、ここに封箱、犀角奩、宝剣、大刀の記載があったのでは、という説もある。また、この日の出蔵に関わる文書二通が、独立した一巻にまとめられ、「出蔵帳」と名付けられている。これには、「御剣出／天平宝字三年」と書かれた軸がついている。

右の品のうち、封箱・犀角奩・金鏤宝剣二口（この二点は、献物帳と名称が異なる）・陽宝剣・陰宝剣は、国家珍宝帳の該当部分をみると、上欄に大きく「除物」と書いた付箋が貼られている。関根真隆氏の研究によれば、これは国家珍宝帳所掲品のなかでもとくに由緒正しいものである。ここから明らかになるのは、これが通常の出蔵とは明確に区別される、奉献自体の撤回であること、そしてそれを行いえたのは、強い意向を抱いた光明皇太后以外にはありえないということである。だから、「双倉北物用帳」から、この出蔵記事を外したとしても、それなりに筋のとおった処置といえる。「出蔵帳」に収められた文書のほうは、品物の不在と引き替えに、倉のなか、おそらく出て行った品の近くに置かれて、留守番札の機能を果たしたのであろう。

出蔵した品の行き先は明記されていないが、どうであったか。

この出蔵とほぼ同じ時期に、法華寺《ほっけじ》金堂の鎮壇《ちんだん》供養が行われたことが知られている。すなわち、天平宝字三年（七五九）一二月二三日の日付をもつ法華寺金版銘の存在が知られており、金堂の竣工《しゅんこう》にあたって光明皇后の願文を記したものと考えられている。

いうまでもなく、法華寺は、光明皇后が亡父藤原不比等《ふひと》の邸宅の地に、想いを込めて建立した寺である。この時期には、すでに光明皇后の体調はすぐれず、写経事業、祈禱《きとう》など、正倉院文書から知られるものも含めて、快癒を願ってさまざまなことが行われている。したがって、出蔵された品が、金堂鎮壇具ほか法華寺造営と関係の深い用途に充てられたことは、状況としては十分に考えられるところである。

さらに、正倉院と法華寺を直接結ぶもう一つの輪がみつかった。近時、正倉院伝来の木簡の一つを解読した結果、勅封倉周辺の倉からも法華寺鎮壇用品の出蔵があったことがわかったのである。

この木簡は、某年某日の物品出納に関する記録で、授受にあたって品目と行き先を記したものである。行き先の「勅立物所」は難解だが、勅による建物とも解せる。ここには、大保《だいほ》藤原仲麻呂、日置《ひ》浄足《おきのきよたり》の名がみえ、造東大寺司判官《はんがん》の上毛野真人《かみつけののまひと》、東大寺三綱都維那《ついな》の仙主《せんしゅ》のほか、上座「寶浄《ほうじょう》」と読める署名がある。正倉院文書中に残る、法華寺三綱上座寶浄尼の筆蹟に似たものがあるから、おそらく同一人物であろう。

内容は、装飾を施した函《はこ》一合に納めて下された品々に関するものである。その品目をみると、真珠・水精玉・琥珀・相恋子《そうれんし》（相思子《そうしし》すなわちトウアズキの種子か）・水精合子・金銀小壺をなにか容器に納め、ほかに「樺上纏《かばのうわまき》」「綬《じゅ》」といった文字から刀剣の類（刀子か）が添えられていたことがわかる。この特殊な品目の組み合わせは、東大寺大仏殿出土の鎮壇具の構成ときわめて近く、ここに記された品も同様の目的に用いられた可能性が高い。

また、先に保留としていた木簡の年紀は、考証の結果、天平宝字三年も末に近い頃とみるのがよい。

すなわち、先の出蔵は、法華寺への再施入の動きのなかで理解することが可能であろう。

前年の天平宝字二年一〇月に、光明皇后は、東大寺への最後の奉献品として「妾の珍財これに過ぎるもの莫し」とした不比等の真跡屛風の献納を行っている。一連の宝物献納によって、天皇家と藤原氏の皇統意識を、具体的な品物のかたちに封じ込め、永世保存されるべき場所に移した。この献納を済ませて後、皇后はここでやっと、もっとも思い出の深い品を手許に取り寄せることを自らに許したともみられるのである。

光明皇后崩御後—称徳朝

この時期でもっとも目を引くのが、恵美押勝（藤原仲麻呂）の乱に際しての武器出蔵である。乱の勃発した天平宝字八年（七六四）九月一一日に、安寛法師の宣によって、大刀・弓・胡禄《ころく》と矢・甲《よろい》などの武器武具が「双倉北」すなわち正倉院北倉から出蔵され、内裏に献じられている。大刀は八八口、弓一〇三枝、甲一〇〇領、靫《ゆぎ》・胡禄（ともに矢入れ）合わせて一〇〇具など、ほぼ献納された武器武具の全部に近い。大量の武器は、厳重に鍵をかけた櫃二二合に納めて、安寛自身が付き添って内裏に運ばれた。

当時、倉の管理にあたっていた造東大寺司は、その設置（天平二〇年七月頃には成立）の経緯からしても正倉院とはもっとも関連の深い官司であった。土木・建築から室内調度、造仏、写経（このため写経所も管下に入る）まで、幅広い現業部門を包摂する、大プロジェクトの実施機関であるが、一方で数ある律令制諸官司と共通する面も多い。人事が、その時々の政治情勢を反映していることなどはその一つである。早い話、この前後の時期、橘奈良麻呂《たちばなのならまろ》の乱や押勝の乱など、政変の前後で、官人たちの顔ぶれもがらりと変わり、勝ち組負け組、派閥の色分けもかなり明瞭《めいりよう》にみてとれる。この分析は、早く岸俊男氏によって試みられ、通説となっているが、どうも造東大寺司は、乱勃発《ぼつぱつ》の前に、すでに反仲麻呂派の押さえるところであったらしい。

現在、正倉院中倉にある胡禄のうちの「漆葛胡禄《うるしかずらのころく》」一具には、木札がついており、木工衣縫大市《もくこうきぬぬいのおおいち》に支給されたと書かれている。押勝の乱の際には、造東大寺司の木工にも武器を支給して、乱の鎮圧にあたらせたことを示す。また、武器出蔵と同じ日の夜、写経所の写経生一六名も、内裏警護に駆けつけ、藤原縄麻呂《ただまろ》の宣によって再び転じて造東大寺司の守衛についている（正倉院文書）。これだけの敏速な動きは、敵方の動きを読んでいない限り、とてもできない。先の岸氏の見通しを、現物が裏付けるのである。なお、乱後の一〇月、検定文のうちの第一巻が倉から出されている。出蔵した武器について、比較して状況を確認するためという理由であるが、この時点で、複数の由緒をもつ献納品全体をまとめた基本リストが倉のなかに存在したことは興味深い。

しかし、右の一件は緊急事態に対応する例外的措置であり、出蔵の制限が一般的に緩和されたわけではない。

この期間の出蔵は、恵美押勝の乱をはさんで二件が知られる。

天平宝字六年一二月、欧陽詢真跡屛風を道鏡《どうきょう》に貸し出した例（同八年七月返納）と、神護景雲《じんごけいうん》四年（七七〇。一〇月、光仁《こうにん》天皇の即位により宝亀と改元）五月、絵屛風三帖を様《ためし》として造東大寺司に貸し出した例（宝亀三年八月返納）の二回である。

ともに「借充」「借下」とあり、有期借用である。後者では、「様《ためし》（お手本）として」という理由が知られるが、道鏡のほうは、名跡を身辺においての鑑賞であろうか。ただし、恵美押勝の乱が近づいた天平宝字八年（七六四）七月二七日には、この屛風も返納されている。乱が起こり、自分の身に不測の事態が生じたとき、屛風を安全に守るべき場所は宝庫以外にない、と考えてのことか、あるいは次に倉が開く機会にあわせての返納か、それは計りがたいが、桂心出蔵のため倉が開封されたこの日、欧陽詢真跡屛風は宝庫に帰ったのである。称徳《しょうとく》天皇の寵《ちょう》をうけ、権勢日々盛んになっていった時期の道鏡のイメージからすると、案外ささやかな望みのようにみえる。

光仁朝

称徳天皇の崩御、一方で道鏡の失脚、藤原氏の復権。皇統が天武系から天智《てんじ》系へと切り替わり、東大寺や正倉院に対する見方に変化があっても不思議はない。

光仁天皇は、宝亀九年（七七八）五月に紫檀琵琶《したんのびわ》を出蔵、内裏に取り寄せている。これが天皇の個人的嗜好にもとづく出蔵とすれば、次期以降の先蹤《せんしょう》をなす事例とみることができる。一方で、このとき二面出蔵の予定が急遽《きゅうきょ》変更されて一面のみとなっていること、その返納が別の薬物出蔵にあわせて行われていること（同一〇年一二月、親王禅師〈早良《さわら》親王〉への冶葛《やかつ》支給と同時）は、宝物出蔵・勅封倉開扉を抑制しようとする意識が働いた結果ともみられる。

倉が開かれたのは、「双倉北物用帳」によれば、宝亀三年以来のようにみえるが、そこまでの間、宝亀七年九月に、恵美押勝の乱の際出蔵した武器のうち、大刀について現在数の再確認が行われている（延暦六年曝涼帳）。このときの使いが、薬の出用のところに出てきた藤原小黒麻呂で、彼は、二年後の紫檀琵琶出蔵の際も使者となっている。

桓武朝

桓武天皇は、「文華を好まず」と称されたが、たしかに治世中に宝物を積極的に出用しようとする動きはみられない。天応元年（七八一）四月の即位ののち、八月一二日に大小王真跡書・王羲之書法・雑集・孝経・頭陀寺碑文 幷《ならびに》 楽毅論杜家立成・楽毅論の書蹟二五巻を内裏に取り寄せているが、うち一六巻は六日後に返納している。残りの巻については、数年にわたって手許に留められたが、長《なが》岡《おか》遷都を控えた延暦三年（七八四）までにすべて倉へ返納されている。即位後に相次いだ陰謀・事件と、反対するものも多かったとされる長岡新京への遷都。とても宝物を愛《め》でるような世情ではなかった。

曝涼点検の実施が、点検記録のかたちでいまに伝わるその初回、延暦六年の曝涼は、献納から約三〇年が経過した時期である。三〇年というのは、当時の戸籍の保存年限であり、これは六年ごとの戸籍作成のサイクルを五回という意味であるが、宝物の戸籍調べも、これ以上間隔があかず、まだ人々の目が旧都から離れないうちに行う必要があると考えられたのかもしれない。

曝涼点検は、宝物すべてに目を通し、異状の有無を確かめるもので、現在、私たち正倉院事務所の職員が毎年行っている仕事と、本質においては変わりがない。そして、各時点での静的な状態（在）を記録し、同時に基準となるべき一つ前の段階との隔たりという形式で、過去の動きを確認する作業である。このときの点検は、「検珍財帳」を照合の基準としたと記されているが、変動のある数量は最新の情報によったにせよ、献物帳、とくに初回二件の枠組みが全体を規定していることが明白である。

延暦二五年（八〇六）まで続いた桓武天皇の治世は、造都と征夷《せいい》に明け暮れた時代であった。宝物献納を青年期に同時代の出来事として体験しているゆえに、宝庫を奈良の地に残したまま遷都に踏み切った天皇は、利用よりむしろその保全を優先課題としたといえよう。

この点検を終えて、そこまでの空白はうめられた。その次に行われた曝涼点検は、六年後の延暦一二年である。『延喜式《えんぎしき》』に、御書・図絵は六年に一度曝涼せよ、とみえるが、この規定は東大寺勅封倉にも適用されたようである。

延暦一二年の曝涼帳では、記載方式が大きく変化している。コラムの部分でもふれたように、巻頭に六年帳の内容要目を「目録」として掲出し、それに続く本文では、宝物は、赤漆綾欟厨子以下、厨子および辛櫃に分納された状態で類集整理されている。

この変化の背景には、何があるのだろうか。すでに指摘されているように、収納品の積極的な利用へ、方針転換があったと考えるのも一案である。後の利用を考えれば、このように容器別収納明細の形式のほうが便利であることはいうまでもない。ただし、現状のより正確な把握こそが直接の目的で、利用しやすくなったのは、結果にすぎないとみることも可能である。

この延暦一二年は、年頭から、山背国《やましろ》葛野《かどの》郡の新京への遷都が決まり、造営開始の動きがあわただしかった。翌一三年、その動きはさらに加速し、一〇月には、天皇が新都平安京に移っている。

この延暦一三年は、先にみたように、薬物の出用におけるターニングポイントとなった時期である。薬物という限られた部分とはいえ、平安遷都を機として、光明皇后と東大寺勅封倉のもっていた侵しがたい権威に翳《かげ》りが生じた、とみておきたい。この後の延暦年間には、元から使用を念頭に置いていた薬物が出用ラッシュを迎える。

ほかの宝物についてはやや遅れて、次の平城《へいぜい》天皇の大同年間（八〇六～八一〇）を過ぎ、弘仁年間（八一〇～八二四）に入ったところで顕著な変化として現れることになる。

嵯峨朝

嵯峨《さが》天皇即位の翌々年にあたる弘仁二年（八一一）九月、勅封倉の開検が行われた。延暦一二年からは一八年後にあたり、定期曝涼の延長ではあろうが、延暦期の二回が香薬を主眼としていたのに対し、今回は東大寺の「資財ならびに官物を検ぜんがため」と記され、重点の移動がうかがわれる。この変化は、程なく以下に述べる出蔵の例として現実化した。

弘仁五年九月、蓬莱《ほうらい》山水図以下の屏風三六帖と白石鎮子《はくせきのちんす》一六枚を「沽《う》り奉る」ため出蔵、銭六二四貫六〇〇文が代価とされている。翌一〇月にも、琴二隻と珻瑰箸《まいかいのはし》二双が同じ目的で出蔵されているが、こちらは売却されず弘仁八年に返納された。ただし、琴のうち銀平文琴《ぎんひょうもんきん》一隻は宝庫に戻らず、代品の金銀平文琴が納められている。ついで弘仁一一年一〇月には、大小王真跡・真草書（王羲之書法）二〇巻が一五〇貫文、繡線鞋《ぬいのせんがい》・男錦鞋・紫糸鞋が三貫六〇〇文の直銭《じきせん》と引き替えに倉から下されている。同一三年三月に鏡・雑香・五色絞糸《ごしきのこうし》が「行法之所」に下給されているのは、空海による平城上皇への灌頂《かんじょう》授与の儀式の用品と推定される。同一四年二月には、桐木箏《きりのきのそう》・紫檀琵琶《したんのびわ》・螺鈿《らでん》紫檀五絃琵琶・新羅琴《しらぎごと》二面・銀平文革筥《かわばこ》・楸木瑟《ひさぎのしつ》・銀薫炉《くんろ》を出蔵、四月には返納されたが、このときも新羅琴二面・箏・琵琶は、原品が戻らず、代品の納入に終わり、革筥は返納されなかった。

このなかで、灌頂行法のための出蔵は、前後とは区別されようが、他例にみえる代品返納、沽却《こきゃく》などは従来みられなかった特徴である。唐風文化の流行という全般的風潮や、嵯峨天皇を中心に、当時の宮廷が音楽に強い関心を寄せたことを背景として、これらの行為を説明することも可能であるが、直接には桓武朝後半から顕著となった流れ、すなわち東大寺正倉の納物を、天皇の意思のままに出用することも可とする意識の延長線上にあるとみられる。

逆に、一方の当事者である東大寺側が、どのような思いでこの品物の動きをみていたのか。この時期、勅使を迎えて立ち会った関係者は、東大寺三綱だけとなり、少ない人数で、淡々と署名を加えている。その感情のゆれは、現存する記録からは読み取れない。

そして、弘仁年間を過ぎると、器物出蔵の記録はなく、薬のところでみられた傾向と同じく、正倉院への関心は急激に低下する。

斉衡三年（八五六）六月には、宝物の勘検が行われ、実録帳が作成された。これも前年に東大寺大仏の頭部が首のところから破損し、地に堕《お》ちたことや、近い頃に起こった地震の被害が倉におよんでいないか確認する目的であったらしい。

第4章　帳外品の由来について——東大寺の資財と造東大寺司関係品

ここまで、二章を費やして、宝物の献納とその後約一〇〇年の利用について、やや詳しくみてきた。しかし、そこで言及した内容は、いわゆる帳内宝物・帳内薬物と呼ばれる範囲の品にとどまっており、宝庫に伝わった品々のなかでもっとも重要な意味をもつとはいえ、現在の宝物の全容を基準にすると、そのごく限られた一部の源流にすぎない。

また、宝庫は、献納品の収納のために建てられた倉ではない。あくまで「東大寺の正倉」として建築されたものである。したがって、この本来の機能、目的に即して、保管された品物があったはずである。第1章の概説で、すでに要約のかたちで述べたが、再度確認しておきたい。

では、「東大寺の正倉」に釣り合う収納物は何か。当時の「正倉」の語義からすれば、田租《でんそ》・正税《しょうぜい》といった稲穀《とうこく》を収納した正倉もあったはずであるが、ここは「東大寺の資財」というのが、いちばん落ち着きがよいように思う。もっとも、「資財」じたいは、幅の広い言葉で、堂舎・仏像・法具から、所領・奴婢《ぬひ》まで含みうるが、もちろんここでは倉のなかにしまっておけるものに限られる。

さて、献納宝物がそうであったように、什宝《じゅうほう》資財と呼ばれるほどの品であれば、それなりの由緒、入庫の事情をもつ。正倉院宝物の場合、ありがたいことに、品物じたいに銘文を残しておいてくれている例が多い。これについては、正倉院の生き字引として敬愛を集めた元保存課長松嶋順正《まつしまじゆんせい》氏の労作『正倉院宝物銘文集成』があり、学生時代から私もお世話になったものである。ともあれ、銘文をもつ宝物は、名称、年紀、製作者、所属など、ものと文字とが一体になって圧倒的な強味を発揮する。同じ由緒をもった品々が集まり、相互の関係のなかから、また新しいものがみえてくるのである。この後は、そういった大小の品目群を紹介しよう。

一　大仏開眼会関連品——天平勝宝四年（七五二）四月九日

この日に挙行された東大寺盧舎那仏《るしやなぶつ》の開眼法要《かいげんほうよう》に関連する品である。帳外宝物のなかでも、分量の多いことと、現存する品目の位置づけが他の史料から明らかな点で、他を圧する一群である。

この日の盛儀の模様は、当代の正史たる『続日本紀《しよくにほんぎ》』に記されているが、この他、『東大寺要録』供養章にも詳しい次第がみえる。はじめに、この二つの史料をみておこう。

（A）『続日本紀』天平勝宝《てんぴようしようほう》四年四月乙酉《いつゆう》条

盧舎那大仏の像成りて、始めて開眼す。この日、東大寺に行幸《みゆき》したまう。天皇、親《みずか》ら文武百官を率いて、設斎大会《せつさいだいえ》したまう。その儀、一《もは》ら元日《がんにち》に同じ。五位已上《いじょう》は礼服《らいふく》を着る。六位已下は当《とう》色《じき》。僧一万を請ず。既にして雅楽寮《うたりょう》と諸寺との種々《くさぐさ》の音楽、並びに咸《ことごと》く来たり集まる。また、王臣諸氏の五節《ごせち》・久米舞《くめまい》・楯伏《たてふし》・踏歌《とうか》・袍袴《ほうこ》等の歌舞あり。東西より声を発し、庭を分けて奏す。作《な》すことの奇偉なること、あげて記すべからず。仏法東に帰してより、斎会《さいえ》の儀、かつて此《かく》のごとく盛なるはあらず。

（B）『東大寺要録』供養章

皇帝敬って請う。菩提僧正《ぼだいそうじょう》。四月八日をもって、斎を東大寺に設け、盧舎那仏を供養し、敬って無辺の眼を開かんと欲す。朕《ちん》、身疲弱にして起居に便ならず、朕に代わって筆を執るべきは、和上《わじょう》一人のみ。よって開眼師に請ず……（三月二一日勅書）

皇帝敬って請う。隆尊《りゅうそん》律師。……斎を東大寺に設け、花厳経《けごんきょう》を講ぜんと欲す。其《その》理甚だ深く、かの旨究め難し。大徳の博聞多識にあらざれば、誰か能《よ》く方広の妙門を開示せん……（三月二一日勅書）

九日、（聖武《しょうむ》）太上《だいじょう》天皇・（光明《こうみょう》）太后・（孝謙《こうけん》）天皇、東大堂布板殿《いたじきでん》に座す。もって開眼す。その儀式ならびに元日に同じ。ただし侍従なし。また堂の裏《うち》は種々の造花、美妙の繡幡《しゅうばん》を荘厳し、

> 堂上に種々の花を撒《ま》き、東西には繍灌頂《ぬいのかんじょう》を懸け、八方には五色の灌頂を懸く。〔開眼師ら入場〕……すなわち開眼師、仏前に進みて筆を取りて開眼す。また筆は縄を着け、参集の人をして開眼せしめ了《おわ》んぬ。すなわち講・読ともに高座に登りて花厳経を講説す。〔衆僧沙弥《しゃみ》ら入場〕……すなわち大安《だいあん》・薬師《やくし》・元興《がんごう》・興福《こうふく》の四寺、種々の奇異の物を奉る。
> ついで……種々の楽をつらねて参入。……次第を以て奏す〔大歌女《おおうため》・大御舞《おおみまい》・久米舞・楯伏・女漢踏歌《おんなあやのあらればしり》・跳子名《とぶこな》・唐古楽《とうこがく》・唐散楽《とうさんがく》・林邑楽《りんゆうがく》・高麗楽《こまがく》・唐中楽《とうちゅうがく》・唐女舞・高麗女楽ほかに伎《ぎ》楽《がく》・度羅楽《どらがく》〕

『東大寺要録』のほうは、記載が詳細であり、ここに示したのは、ダイジェスト版と思っていただきたい。引用部分の最初の二段落は、開眼法要で主役をつとめる高僧を招請する文書である。

これをもとに当日の儀式の全容を要約すると、（1）開眼師による開眼、（2）講師・読師による華《け》厳経《ごんきょう》講説、（3）奇異物奉献、（4）奏楽と舞、という構成をとっていた。また、（5）当日の道場荘厳のため、さまざまの鋪設《ふせつ》が行われた。（6）また、番外として、当日参加した僧たちの結縁《けちえん》のため、歴名《れきみょう》（参加者名簿）が作成された。そして、正倉院には、それぞれに対応する品が残っているのである。

（1）開眼については、有名な開眼縷《かいげんる》がある。開眼師は、南インド出身の菩提僊那《ぼだいせんな》であり、「身疲弱にして起居に便ならず」という太上天皇に代わって開眼の筆を執った。推定六七〇尺、約一九八メートルにもおよぶ縹《はなだ》色の縷は、筆に一端が結ばれ、参集した貴顕はその縷を執ってともに開眼の功徳《くどく》に浴したと伝える。ついで、天平宝物筆・墨と称する大型の筆墨がある。仮斑竹《げはんちく》の筆管《ひつかん》の刻銘には、文治《ぶんじ》元年（一一八五）の大仏再建の際、開眼法皇（後白河《ごしらかわ》）が使用した天平宝物筆とあり、これは文治時点での所伝として尊重すべきであるが、解釈のしかたによっては、天平スタイルの大型筆ということでかく称された可能性もある。というのは、一見地味ながら、筆管表面に沈香《じんこう》を貼り、象牙《ぞうげ》・木画《もくが》の縁取り装飾をほどこした大型筆管が、別に宝庫に伝わっているからである。この品は、現在筆の穂先部分をそっくり失い、ために未造了木画筆管と命名されているが、天平開眼に用いられたのは、こちらでなかったか、とする説に魅力を感じるからである。当時の筆の構造では、筆の穂首はそれほど強固に筆管に固定されているわけではなく、外れた穂先に、後から筆管を補ったということもありえなくはない。

また、このときに聖武太上天皇、光明皇太后、孝謙天皇の着用した礼冠礼服も、正倉へ収納された。この礼冠礼服は、特別な由緒に鑑《かんが》み、比較的早い段階に献納宝物と同じ倉へ移納され、曝涼《ばくりょう》時の点検対象となった。

(2) 華厳経講説に関する品であるが、私は「講座」の銘のある方形、やや大型の褥《じょく》は、白綾《しろあや》・夾纈綾縁《きょうけちあやのふち》、裏に緑絁《あしぎぬ》を使用した作りと、二張残ることからみて、このときの講説の座に使用された品ではないかと考えている。また、講師・読師は、柄香炉《えごうろ》を手にしていた可能性があるが、現存品と関連づける銘文等の物証はない。

（3）奇異物奉献は、『東大寺要録』では南都の大安・薬師・元興・興福の四寺からの献納について記す。具体的な品目が明らかでないが、大仏の宝前で挙行された儀式のスケール感からすれば、あるいは大型の飾り物のようなものが考えられようか。逆に、入庫の契機が皆目見当のつかない宝物のなかに、この奇異物の末裔《まつえい》が潜んでいるかもしれない。

開眼会の際に、四箇寺に限らず、多くの人々から品物の献納があったことは、現存宝物からも明らかである。品物には、献納者の名前などを付札（献物牌《はい》）や紙箋に書いて添えることもあり、多量の帯と佩《はい》飾具《しょくぐ》（刀子《とうす》はその代表格）のセット、装飾性の強い筆など、状況証拠から、入庫の契機として、開眼会が最有力とみられるものが多い。複数の献納品を小櫃《こびつ》に納めて、内訳を示した木牌や紙箋を付す、というのもよくみられるパターンで、瑪瑙坏《めのうのつき》・水晶玉・白瑠璃高《はくるりのたか》杯《つき》・雑香・練金のセットを納めた漆小櫃などはこの例である。また、銘記に「会前」とあれば、これは「開眼会の前に」の意味で、時期がこのときに絞られる。

開眼縷（全長約198m）

縹色が目に鮮やかな開眼縷は，180回巻の桛（かせ）にまとめられている．全長は１周の長さと巻の回数から試算したもの斑犀如意《はんさいのにょい》、琥珀誦数《こはくのじゅず》、白葛箱《しろかずらのはこ》や密陀彩絵箱《みつださいえのはこ》（丁香《ちょうこう》、青木香《せいもくこう》を納めた）などの例がある。さらに、花机帯《はなづくえのおび》と記された帯は、同種のものが多数残っており、これなども多彩な供え物を並べた机の存在をうかがわせる。

（4）奏楽と舞。このカテゴリーに入る品は多い。

明治期の整理で、現在では、装束をはじめとする楽関係用品・用具は、楽の種類ごとにまとめて登録されている。内訳は、大歌四物、唐古楽一九物、唐中楽二物、唐散楽一一物、狛楽《こまがく》一七物、度羅楽八物、呉楽《くれがく》八五物、雑楽九物、大宿独《たいそとく》裹残欠、中弟袴《ちゅうていのはかま》一口、林邑楽用物二裹《つつみ》（現在未整理）である。少数の例外はあるものの、銘文から知られる範囲では、開眼会の際に使われたものが圧倒的多数を占める。また、呉楽において演者がかぶった伎楽面と面の袋、楽人らがかぶった布作面《ふさくめん》もある。これも開眼会で使用されたものは、銘文によって見分けがつく。

楽器には、「東大寺」銘をもつものが多い。檜和琴《ひのきのわごん》、桐和琴《きりのわごん》、桐木琴《きりのきのきん》（七絃楽器《しちげんがっき》）、新羅琴《しらぎごと》残欠、箜篌《くご》、螺鈿楓《らでんかえで》琵琶、仮斑竹竽《げはんちくのう》、呉竹笙《くれたけのしょう》、呉竹竽《くれたけのう》、尺八《しゃくはち》、斑竹横笛《はんちくのおうてき》、箏《そう》袋などがあり、このなかには、開眼会の当日、奏楽に使用されたものがあるかもしれないが、明証はない。

（5）堂内荘厳の様子は、『東大寺要録』がとくに詳しく記すところであるが、「天平勝宝四年四月九日」の日付が記された宝物との対照から、その実体が知られる。

「東大堂布板殿」は、大仏に相対する位置に、板敷の床をもつ施設が仮設されたことを示すか。ここに敷いた赤色の麻布（「大仏殿上敷紅赤布」）が現存する。「種々の造花」は、開眼会の日付と「七茎《しちけい》金銅花座《こんどうかざ》」の銘をもつ部品があり、現存品の蓮池（池のなかに蓮の生えたさまを写実的に表現する）との関連が考えられる。「美妙の繍幡《しゅうばん》」は華麗な刺繍《ししゅう》をほどこした幡を、堂上に撒かれた種々の花は、緑金箋《りょくきんせん》と称する金箔《きんぱく》散らしの紙製やや大型の蓮弁を、それぞれ想起させる。

さらに大仏の左右（東西）には刺繍をほどこした灌頂《かんじょう》（天蓋《てんがい》つきの幡）を懸け、その外側を囲むように四方四維《しい》には、五色の灌頂を懸けて、大仏殿院の大空間を荘厳した。現物では「東大寺堂上階幡」と記された幡があり、一丈八尺（五メートルあまり）の全長をもつことが銘文からわかる。また、「五色灌頂」が、『薬師如来本願経』に説く「五色綵幡《さいばん》長四十九尺」を念頭においたものであるなら、その壮大な規模がうかがわれる。金銅雲花形裁文《こんどううんかがたのさいもん》は、開眼会の日付とともに「高笠万呂《こうのかさまろ》作」と珍しく工匠名が刻まれた金工品であるが、幢幡鉸具《どうばんこうぐ》と総称される金工部品のなかには多くの開眼会関係品が含まれることが考えられる。

（6）は、「東大寺盧舎那仏開眼供養供奉僧名帳《ぐぶそうみょうちょう》」と私が名付けて紹介した史料である。この「新発見」については、平成八年（一九九六）の発表当時、報道で取り上げられた。個人的な思い出も少なくないが、発見に至る経緯を含め、少し詳しく述べてみたい。

昭和五八年（一九八三）四月、正倉院に入って保存課調査室に配属されて以来、私が主たる業務として取り組んだのが、宝庫に伝来した正倉院文書の調査であった。

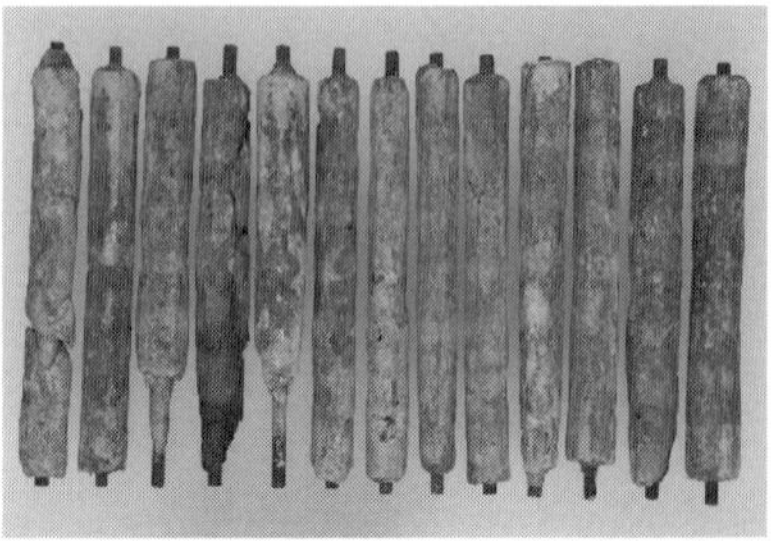
蠟燭文書

そのなかで、平成元年から六年まで、六ヵ年ほどかけて調査した対象が「塵芥文書《じんかいもんじょ》」三九巻と三冊であり、「塵芥文書」付属の蠟燭文書《ろうそくもんじょ》である。

蠟燭文書は、巻子が湿気をこうむって、巻かれた状態のまま固まってしまったもので、形状が和蠟燭に似ていることから名付けられたものである。したがって、中身が何か、従来はまったくわからなかった。なかを開いてみようにも、完全に固着しているか、もしくは紙質の劣化が極度に進んで壊れやすく、触れるのも憚《はばか》られる状態であった。手がかりは、別に求めねばならない。

ここで注目したのが、「塵芥文書」第二九巻、「塵芥雑張」第一〜三冊（文書の小断片を台紙貼りに整理し、それを帳冊にまとめたもの）である。もと蠟燭文書と同様な状態から明治時代に展開整理されたものといわれ、蠟燭文書の中身は、この調査から手がかりを探るしかない。しかし、ここまで一部分だけが翻刻紹介されてきたが、記された内容はといえば、僧の名前だけが延々と記され、どうにものっぺらぼうな史料として、全容をふまえた本格的な検討は行われたことがなかったのである。

そして雑張に貼り込まれた大小無数の断片を眺めるうち、はじめてみたとき以来の直観、すなわち、これらがパズルのピースを構成することは、確信となっていった。後は、証明するのみである。そこで、第一冊の第一、二葉に貼り込まれていた小片三片の接合復元を行った。もちろん、実際に現物に手をつけるわけではなく、写真を切り貼りして作業を行うのである。時間をかければ、接合する断片はまだ、いくらでも探せるが、まずは、部分的であっても確実な足がかりが欲しかった。三片が次のような内容の一片にまとまったとき、そこに東大寺大仏開眼会に開眼導師として参列した菩提僧正や呪願師《しゅがんし》をつとめた道璿《どうせん》律師の名が、引き寄せられるように集まって、眼前に現れた。

「□耀　　玄寵　　教義　　敬明
□〔慶カ〕俊　　道璿律師　　隆教　　菩提僧正
□応　　義□
□義　　常照　　光□　　」

右の「菩提」が波羅門《ばらもん》僧菩提僊那、「道璿」が唐僧道璿を指すことは明らかであろう。ともに天平八年（七三六）に唐から入朝した僧で、僧名の下に称号が書かれるのは、多数の断片を通じても、この二例だけである。この二人が同時に僧正・律師の地位にあったのは、

菩提……天平勝宝三年四月任僧正　→　天平宝字四年二月遷化
道璿……天平勝宝三年四月任律師　→　天平宝字元年四月入寂

であり、天平勝宝三年（七五一）四月から天平宝字元年（七五七）四月までの六年間となる。

この期間に行われた行事のうち、もっとも大きく、かつ菩提・道璿の両者がともに関わったものとなれば、天平勝宝四年四月の大仏開眼会以外をおいてはありえない。開眼法要においては、菩提は開眼導師、道璿は呪願師と、ともに大役を勤仕している。菩提・道璿は、ともに大安寺に住しており、その他にもここに名のみえる教義・敬明・隆教らは、すべて大安寺僧であることが知られるので、雑張第一冊所収の断片は、僧名帳のうちの、大安寺からの参列者の巻とみてよいと思われるのである。さらに「□俊」も大安寺僧慶俊であろう。

この開眼会は、『続日本紀』によれば「請僧一万」といわれ、『東大寺要録』は「請僧千廿六口」「衆僧沙弥尼幷九千七百九十九人」のほか、開眼師以下の所職、梵音《ぼんおん》・錫杖《しやくじよう》・唄《ばい》・散花《さんげ》などの所役がいたことを伝える。これら一万人をこえる参集者の名こそ、「僧交名《そうきようみよう》」にみえる多数の僧名の正体ではなかろうか。すなわち、蠟燭文書の一群は、東大寺大仏開眼会に供奉した僧侶の名簿である、と推定するに至ったのである。

蠟燭文書について、その性格を以上のように考えると、そのきわめて悪い保存状態も、説明がしやすい。劣化した料紙の具合など、倉庫のなかで唐櫃《からびつ》に収納されて伝わった一般の正倉院文書の状態とはまったく異なる。詳細に表面を観察すると、なかの数巻には、絹織物の織目らしき圧痕《あつこん》があり、うち一巻には編み目のある竹ひごすなわち竹製経帙《きようちつ》の痕跡を見出すことができた。各巻が巻かれた状態の自然な丸さをもたず、やや不自然に角張っていることからも、これらの巻が帙に巻かれたまま地中に埋められ、土圧を受けたような状況を想定できる。想像であるが、この僧名帳は、開眼会の後、大仏殿須弥壇《しゅみだん》の下などしかるべき場所に安置ないし埋納されたものではなかろうか。その後、いつの時点かは不明だが、取り出され、最終的には正倉院宝庫に収蔵されることとなったのであろう。

東大寺大仏開眼会は、「三宝《さんぽう》の奴《やつこ》と仕えまつる天皇」（天平勝宝元年四月、東大寺行幸の際の詔）と述べて大仏への帰依を表明した聖武太上天皇が、光明皇太后、孝謙天皇とともに、文武百官を率いて仏前に礼拝を行う空前の盛儀であった。これは、王権と仏世界の教主が最近接した瞬間といってよいだろう。そして華厳経の講説によって、本尊盧舎那仏を中心とする華厳蔵世界を現出したこの劇場空間は、引き続き、天皇の治める帝国の歴史的・空間的構造をシンボリックに再現する場となる。

開眼会の後段で、仏前に奉納された楽舞に注目してみよう。最初が大歌《おおうた》・大御舞《おおみまい》。日本古来の宮廷歌謡である。次に久米《くめ》・楯伏舞《たてふしまい》。これは古い服属儀礼に由来する。次に中国に起源をもつ踏歌《とうか》以下、唐楽《とうがく》・高麗楽《こまがく》・林邑楽《りんゆうがく》などの諸外国の楽が次々に奏され、入場の際には、遥か南方の度羅楽《どらがく》が用いられた。つまり、この順序は、朝廷の支配体制の歴史的・空間的な構造を象徴的に表現しているのである。

正倉院に伝わる大仏開眼会関係品は、その仏教儀式の空間と、天皇を中心とする帝国を象徴する空間とが、この時点で、一つに重なり合っていたことをわれわれに教える典型例であろう。これもまた、その後の宝物のあり方に対して、規定的な要因として働くことになる。

なお、開眼会関係の銘文が宝物に記された時期であるが、早く関根真隆氏が指摘されたように、開眼会から一年あまり経過した天平勝宝五年六月に、知識木綿《ちしきのゆう》、胡粉《ごふん》、丹《たん》、一切経《いっさいきょう》用品の帯など、造東大寺司《ぞうとうだいじし》関係品の検定が行われていることに注目したい。開眼会から一年が過ぎようとする頃となり、使用された大量の法具類の整理も必要と考えられただろう。具体的には、開眼会関係品の整理と、造寺司関係品の検定は、表裏の作業として、品物の選《え》り分けというかたちで進められたと考えたい。さらに私は、この整理・検定作業を、正倉院宝庫の完成と使用開始を視野に収めたものと考えている。

宝庫の創建年代を直接示す史料はなく、代わって聖武天皇没後に光明皇后が宝物献納を行った天平勝宝八歳（七五六）六月を一つの基準点として考えるのが通例である。具体的にいえば、宝庫の存在を前提に作成された「双倉北物用帳《ならびぐらきたのものようちょう》」の出納記事が天平勝宝八歳一〇月に始まり、その前月には「検遷使《けんせんし》」の署名がある文書（断簡）が作成されていることから、献納品は、この頃には完成していた宝庫に移納されたとみる福山敏男氏の説は傾聴に値する。しかし、これは宝庫完成の下限を示すもので、宝庫の完成はもっと早くても差し支えない。むしろ天平勝宝四年の大仏開眼会の挙行からさほど隔たらない時期に大仏殿の一応の完成を迎えたとして、これを上限と措定してもよいのではなかろうか。金堂についで重要な七重塔（西塔）が「今、天平勝宝五年正月十五日をもって荘厳すでに畢《おわ》んぬ」として完成をみた後は、東塔の建造とともに、大型の倉庫の建造が実施日程に上ったと考えるのが自然なように思われる。

二　東大寺で行われたその他の法要関係品

大仏開眼会以後、東大寺は国家的法会《ほうえ》の場として重要な位置を占めるようになった。以下、東大寺で営まれた法要の関連品等を、年紀の明らかなものを中心にみておきたい。

（1）仁王会《にんのうえ》関係品——天平勝宝五年（七五三）三月二九日

仁王会は、護国経典たる仁王般若波羅蜜経《にんのうはんにゃはらみつきょう》の説にもとづく国家的な法会である。百の仏菩薩を勧請し、百座を設けて仁王経の講説を行うというもので、日本でも当時盛んに行われた。仁王会については、正倉院文書のなかに仁王経書写関連の史料が散見するが、この天平勝宝五年仁王会の関連品として、屛風《びょうぶ》を納める揩布屛風袋《かいふびょうぶぶくろ》、元正《げんしょう》太上天皇が恒《つね》に持していた般若心経に添えた金字牙牌《げはい》（象牙製のふだ）、盧舎那仏に献じた浅香に添えた金字牙牌が現存する。また、この仁王会の準備の実務にあたった「装束司《しょうぞくし》」（臨時に設置。機構的には写経所《しゃきょうしょ》と近い関係にあった）の物品出納のさまを記した、長さ五〇《セン》《チ》をこえる木簡二枚も伝わっている。

（2）弁才天女《べんざいてんにょ》壇法会関係品——天平勝宝六年（七五四）五月三日

この時期に造顕された大弁才天女像の供養に使用されたもの。壇の上に敷いた緋絁《ひのあしぎぬ》や堂内の荘厳に使用された天蓋つきの幡などの遺品が伝わる。

（3）中宮藤原宮子《みやこ》御一周忌斎会《さいえ》関係品――天平勝宝七歳（七五五）七月一九日

中宮藤原宮子は、文武《もんむ》天皇の夫人、聖武天皇の生母。現存品としては、この日付とともに「中宮斎会花筥《けこ》」と記す花籠《けこ》（竹を編んで作った容器。散華を入れたか）があり、また、同じ日に戒壇院《かいだんいん》で行われた聖僧供養に用いられた磁皿《じざら》（二彩陶器《にさいのとうき》）も、この斎会と一体となる食作法《じき》に用いられたものかと思う。

（4）聖武天皇大葬関係品――天平勝宝八歳（七五六）五月二日、一九日

先に、聖武天皇崩御につづく一連の動きのなかで、宝物献納が行われたことに触れた（第2章）。当代の正史である『続日本紀』には、この五月二日の具体的なありさまはみえない。当面の大事である葬儀そのものについては、東大寺は、他の諸大寺とともに、御装束司の指揮下に入ったと考えられる。この点は、大仏開眼会の儀式とは、事情が違う。この差が、品物の残り具合にも反映しているのではないか。

まず、亡くなった当日、五月二日の日付をもつものは、櫃覆町形帯《ひつおおいのまちがたのおび》・櫃綱で、同種のものが多

数残る。町形帯は、櫃にかけた覆いの上から縛る平紐《ひらひも》であるが、立体の仕上がりを予想して、ワンタッチ着装ができるように、要所をあらかじめ縫いとめてある。平面に置けば、丸のなかに「井」（大きさの加減でかなりシワシワの）の字、というかたちで、緋絁製、なかに麻布の芯《しん》が入った丈夫な造りである。この櫃に各種用具を入れ、綱で担い棒に結ぶなどして、二人で担って運んだものであろう。これ以外の関係品が残らないこと、書き入れや紙箋に、「寮」（省の下におかれた比較的小規模な官司）、「内膳司《ないぜんし》」などの名がみえることから、先の推定が可能と思う。

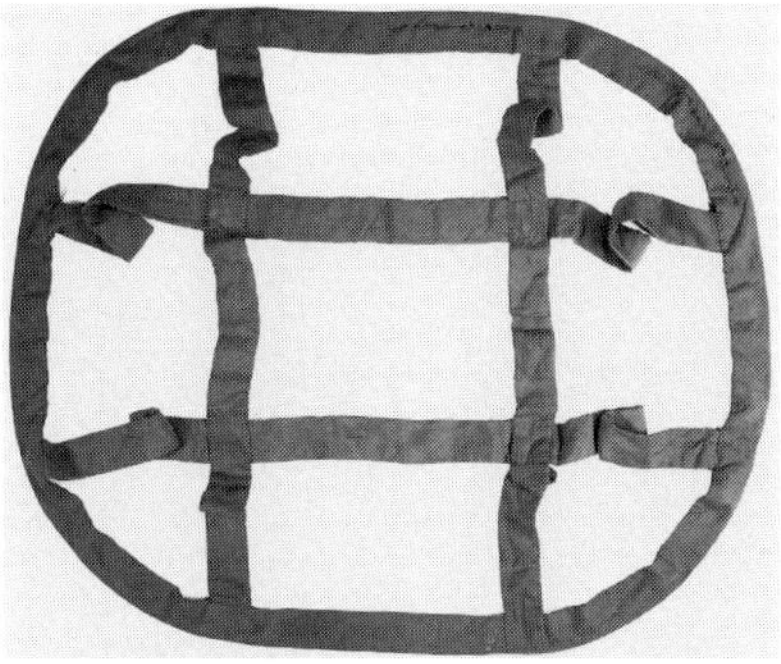

櫃覆町形帯（帯幅6cm）　崩れやすい染織品の中では状態良好

いまも、この五月二日には聖武祭と称して、東大寺で法要が営まれ、舞楽奉納や天平装束姿の幼稚園児による稚児行列が、訪れた観光客の目を楽しませている。

五月一九日、佐保山陵《さほやまのみささぎ》において葬儀が行われた。この様子は、『続日本紀』にも記され、「御葬の儀は、仏に奉るが如し」とあるから、東大寺の関与の割合も、やや大であったと思われる。この日の銘文をもつ品としては、師子座《ししざ》小朸《しようおうこの》綱《つな》（担い棒に結びつける綱）、香天子輿小朸綱《こうてんしのこしのしようおうこのつな》、花鬘緒《けまんのお》（染織品で作った花形飾り）などがあり、「納東大寺」とあるとおり、葬儀の後に東大寺に入ったものと思われる（花鬘は現存するが、師子座・香天子輿は、本体が納入されたのか、綱だけか、銘文だけでは決めがたい)。前後の『続日本紀』の記事からみれば、葬儀の関係品は、南都七大寺をはじめ、広い範囲に献じられたのであろう。

なお、『続日本紀』の記述は、「供具《くぐ》に師子座、香天子座、金輪幢《こんりんどう》、大小宝幢《ほうどう》、香幢《こうどう》、花縵《けまん》、蓋繖《きぬがさ》の類あり。路に在りては、笛人をして行道《ぎようどう》の曲を奏せしむ」とあって、右記現存品とよく一致する。「師子座、香天子座」のくだりは、「師子座香炉、天子座……」のように諸写本にない「炉」を補って解釈することが多かったが、先の宝物銘文の存在から、これが不適切だとわかる。「もの」と一体になった銘文は、精密化した古代史の世界でも、新たな発見をもたらす力を秘めているのである。

(5) 聖武天皇御一周忌斎会関係品――天平勝宝九歳(七五七)五月二日

『続日本紀』によれば、「僧千五百余人を東大寺に請いて設斎す」とあり、東大寺が主会場と明記されている。関係品の伝存状況からみて、第一節の大仏開眼会とならぶ双壁《そうへき》というべき一群である。ただ、開眼会関係品が非常に多彩であったのと対照的で、品目は堂内外の荘厳関係に限られる。その代わりに一つの種類あたりの数は多く、開眼会関係品を圧する。

具体的な品目でいえば、花籠、金銅鎮鐸《こんどうのちんたく》と同袋、大幡、幡(道場幡)、幡付属の灌頂街木《まちぎ》の袋、宝幢の幡鎮袋となる。

数を示すと、花籠は一〇〇あまり、鎮鐸は一〇口、復元推定長約一五メートル（仏典にみえる四九尺の制によるものか）におよぶ大幡は一〇旒《りゅう》以上、染織の各種技法を駆使した道場幡は推定五〇〇〜六〇〇旒となる。また、宝幢は、付属品の幡鎮袋銘に「第二」「第四」とあるので、これも構成部品の総量はかなり大きいものだろう。いま宝物中に、幢幡鉸具、銅鉄雑鉸具と総称する金工部品の一群や、糸幢と称する各色の房飾りを集めた装飾具の残欠があるが、このようななかに、この一周忌斎会の荘厳具がかたちを変えて伝わっている可能性が高い。

これらの品は、聖武天皇の崩御まもない時期から、一年後の法要を期して、製作を急いだものである。「周忌御斎の種々作物に預かって、造り奉る諸司の男女ら、夙夜《しゅくや》怠らず各《おのおの》その誠を尽くす」として、これらの人々は、一周忌斎会に先立つ四月に叙位・綿帛《めんはく》の下賜《かし》に与《あずか》ったことを『続日本紀』は伝えている。

（6）子日《ねのひ》・卯日《うのひ》儀式関係品——天平宝字二年（七五八）正月

中国古来の制に、年初、天子自ら田を耕して豊穣を祈り、皇后が蚕室《さんしつ》を払って蚕神をまつる儀式があった。この儀式は、奈良時代の宮廷でも行われ、関係品が東大寺に献納されて伝えられた。

『万葉集』には、天平宝字二年正月三日、天皇は群臣を内裏東屋の垣下に招き、玉箒《たまぼうき》を賜って宴を行わせた。大伴家持《おおとものやかもち》が詠んだ「初春の初子《はつね》の今日の玉箒　手にとるからにゆらく玉の緒」は、この折に天皇の求めに応じて諸臣が奉った詩歌のなかの一首である。

現存品に目を転じると、コウヤボウキ（キク科の植物）の茎を束ねて作り、把手《とって》に紫革を巻き、枝に黄・緑・茶色のガラス玉を差し込んで飾った子日《ねのひの》目《め》利箒《とぎのほうき》一対を筆頭に、粉地彩絵倚几《ふんじさいえのいき》（置き台）、机の褥（敷物）、透き通るような薄絹の覆い、覆いを止める帯など、当時のセットが正倉院に残っている。また、田を耕す儀式の用具である子日《ねのひの》手《て》辛鋤《からすき》も、同日の銘をもつ一対が伝わり、同じく机の褥、覆い、帯も断片ながら残っている。

この中国風の儀式は、前後の時期に流行したようにはみえず、当時権力を掌握した藤原仲麻呂《なかまろ》の唐風好みが反映したものともいわれる。孝謙天皇は女帝であったので、天子・王后の分担するこの儀式に実際どのように関わったかは不明である。中国風の儀式具として、珍しくうち眺めるだけで終わったものかもしれない。

次に、正月初卯《はつう》の日に行われた、杖《つえ》を進める儀式の関連品がある。この杖（卯杖《うづえ》）は、魔除けの意味をもつもので、南倉《なんそう》宝物の、金銀・緑青で彩色を加えた椿杖《つばきのつえ》がそれに該当すると考えられている。また、杖を置くための机（三〇本の脚をもつ多足机《たそくき》形式）と、その覆いの存在が知られる。

天平宝字二年正月は、献物帳による宝物奉献が行われた期間に包摂される。しかし、献納形式も、その後の扱いも、帳内宝物とはまったく違っている。この（6）以下は、いずれも孤立した事例であり、献納の趣旨が異なるためであろう。

（7）盂蘭盆会《うらぼんえ》関係品――天平神護《てんぴょうじんご》元年（七六五）七月一五日

この日、盂蘭盆会にあたり、内裏から種々の品物が大仏に献ぜられた。その献物を乗せた机の褥が伝わっている。

（8）称徳《しょうとく》天皇東大寺行幸《ぎょうこう》関係品――天平神護三年（七六七）二月四日

『続日本紀』によれば、この日天皇は東大寺に行幸し、大仏鋳造《ちゅうぞう》に功のあった国中連公麻呂《くになかのむらじきみまろ》以下、東大寺造営の功労者に叙位を行っている。

正倉院宝物では、几褥《つくえのじょく》残欠の銘文によって、この折に大仏殿への献物があったことが知られる。現存する銀壺《ぎんこ》一双は、外側全面に騎猟図を精緻《せいち》な線刻で描出した優品として有名であるが、同日の銘記がみえ、献物の一つであったと推定される。

（9）称徳天皇東大寺行幸関係品――神護景雲《じんごけいうん》二年（七六八）四月三日

この日の行幸に際しては、かなりの献物があったらしい。この日の銘がある品は、褥つきの碧地彩《へきじさい》絵几《えのき》のほか、白綾几褥《しろあやのつくえのじょく》数点、緑綾帯《みどりのあやのおび》十数点と同類のものがまとまって残る。

以上、各種法会を目的として製作あるいは献納され、その後東大寺で保管されたと考えられる品々についてみてきた。正倉が完成した後（私見では天平勝宝五年六月からあまり離れない時期）は、これらの収蔵先として当然選択肢の一つとされただろう。献納品を収納した北倉《ほくそう》、薬物等の一時収納に使用された中倉《ちゅうそう》との対比でいえば、後代まで僧綱《そうごう》の封によって管理された南倉《なんそう》も、東大寺の重要物品の収納先としてふさわしい。

三　東大寺の諸堂塔・庫蔵からの流入品

正倉院宝物のなかには、以下に示すように、大仏殿《だいぶつでん》・東小塔《ひがししょうとう》・羂索堂《けんじゃくどう》・戒壇堂《かいだんどう》・千手堂《せんじゅどう》・吉祥《きっしょう》堂《どう》など、東大寺の堂塔の名が銘文として記されたものがある。その品が本来使用されていた場所を示す銘文であろうが、これは、どのような経路で入ってきたものであろうか。

『東大寺要録』諸院章の羂索院の項には、羂索院双倉《ならびぐら》が付載され、その注記には「納物もっとも多し」とある。この双倉には、寺内の阿弥陀堂《あみだどう》・薬師堂《やくしどう》などに所属する雑物が移納されていたが、いつしか倉は朽損し、平安中期の天暦《てんりゃく》四年（九五〇）に、「正蔵三小蔵南端蔵」に納物を移納したと記されている。このように、東大寺内の堂舎や倉が退転した場合、収納してあった品物は他の倉に移されるのが常であった。そして、正倉院正倉に集まったものが、いままで伝わったのである。

【大仏殿】大仏への献納品の数々は、先に示したが、黄楊木几《つげのき》と付属の褥には「大仏殿」の墨書銘があり、使用場所の表示とみるのが自然である。

【羂索堂】現在の三月堂。『東大寺要録』の所伝では、天平五年（七三三）の創建（実際は天平二〇年頃か）、良弁僧正が不空羂索観音菩薩《ふくうけんじやくかんのんぼさつ》像を安置したという。ここでは桜会なる法要が行われたというが、羂索堂銘のある檜和琴《ひのきのわごん》残欠・桐和琴《きりのわごん》残欠は、その際の奏楽に使われたものかもしれない。

【東塔】東大寺の七重塔。『東大寺要録』は天平勝宝五年（七五三）に建立とするが、実際には東西両塔のうち、西塔が先に完成し、東塔は天平宝字末年に造営の最終段階にあったことが知られる。宝物のなかでは、黄楊木金銀絵箱《つげきんぎんえのはこ》・粉地彩絵几《ふんじさいえのき》にこの銘があり、ここで献物に使用された。

【戒壇堂】鑑真和上《がんじんわじょう》の来日ののち、天平勝宝六年四月に、大仏殿の前に戒壇を立て、聖武天皇は菩薩戒を受けた。ついで、天皇は戒壇院建立を命じ、同七年九月に完成したとされる。ここに、南の戒壇堂、北の講堂の二字があった。戒壇銘をもつ刻彫梧桐金銀絵花形合子《こくちょうごとうきんぎんえのはながたごうす》・黒柿蘇芳染金絵長花形《くろがきすおうぞめきんえのちょうはながたの》几《つくえ》はここで使用された品であるが、そのデザインには鑑真とともに将来された新しい様式がうかがわれるとの指摘があり、符節一致するのは興味深い。

【東小塔】神護景雲元年（七六七）、実忠《じっちゅう》の創建と伝える。孝謙天皇発願の百万塔を安置した堂という。蘇芳地金銀絵箱《すおうじきんぎんえのはこ》・粉地金銀絵八角長几《ふんじきんぎんえのはっかくちょうき》・粉地銀絵花形几《ふんじぎんえのはながたのつくえ》・金銀絵長花形几《きんぎんえのちょうはながたのつくえ》にこの銘があり、献物用に使ったことがわかる。

【吉祥堂】吉祥天を本尊とする悔過《けか》法要を行った堂であるが、天暦八年（九五四）に吉祥院が焼失、法会の場は羂索院に移ったという。納物も同じ経路で正倉院へ入ったとみられる。この銘をもつものに、粉地金銀絵《ふんじきんぎんえ》八角几《のはっかくき》や優美な姿をもつ高級材製の白檀八角箱《びゃくだんはっかくのはこ》がある。

【千手堂】建立の由来は不明であるが、正倉院文書から天平一九年以前の創建であることが知られる。本尊千手観音のほか、銀盧舎那仏を安置し、銀堂と呼ばれた。碧地金銀絵箱《へきじきんぎんえのはこ》・彩絵長方几《さいえのちょうほうき》（褥付き）にこの銘がある。

四　資財にあらざる品々——造東大寺司関係品

いうまでもないが、現在の正倉院正倉は、東大寺の倉庫のなかでももっとも手厚く厳重な管理がなされた倉であった。正倉院の語が示すように、本来この正倉を含む一郭には、双倉以外の複数の倉庫や管理施設などが並んでいたことが、『東大寺要録』などの断片的な記述から知られる。この倉庫群も、いつしか損壊・焼失によって数を減じていき、ついには現正倉ただ一棟を残すのみとなった。

この区画に置かれた倉庫のなかのあるものは、東大寺の造営のために設置された造東大寺司の管理下にあったとみられる。延暦六年（七八七）曝涼帳《ばくりょうちょう》までは、立会人のなかに造東大寺司官人の署名があるように、奈良時代には、献納宝物を納めた正倉の運用にも一定の関わりをもっていたらしい。北倉の開閉は最小限にとどめ、日常の出し入れは「中の間」から、という二段階の出納方式が行われていたことをもってすれば、造東大寺司は、中倉の開閉については、一定の権限を委託されていたと思われる。

造東大寺司の下には、事務統括部門である政所《つかさどころ》や、写経所《しゃきょうしょ》などの現業部門があった。ここで保管・使用された品が、奈良時代以来、相当数あったはずである。

具体的品目をあげると、正倉院文書・雑札・往来・臈蜜《ろうみつ》などは、内容・銘文から造東大寺司との関連が明らかである。

正倉院文書は、写経所に伝来・集積した文書群である。総数一万とも、一万五〇〇〇ともいわれる大量の文書の集合体であるが、一言でいえば、写経所が、文字を使って仕事をしたその痕跡なのである。雑札・往来は、木簡の一種で、正倉院文書と密接に関連する。丹（鉛丹）は鉛の酸化物で、オレンジ色の顔料として彩色に用いられたほか、ガラス・釉薬《ゆうやく》の原材料としても使用された。丹は、微粉末でこぼれやすいため、反故紙《ほごし》を利用した二重、三重の巾着包《きんちゃくづつ》みとなっているが、その包みに書かれた内容もまた貴重な史料である。臈蜜は、外用薬としても使われるが、蠟型鋳造と呼ばれる金工技法に欠くことのできない材料である。また、佐波理《さはり》（銅錫《どうすず》合金）製の皿には、絵の具皿に使用されたものも残り、造東大寺司の指揮下で行われた大仏殿他での彩色作業との関連が想定されるが、これを多数伝わる佐波理製品（加盤《かばん》・鋺《わん》・皿）全般におよぼせるか否かは、なお慎重に検討せねばならない。

ほかに、衣服類のうち作業着に類するもの。これは飾りのない麻布製で、袍《ほう》（上着）・袴《はかま》（ズボン）・襪《しとうず》（靴下）・汗衫《かんさん》（袖無しの下着）・前裳《まえも》（前掛け）・早袖（肩当て）など、多数にのぼる。工匠具や厨房用品には、やりがんな・錯《やすり》・鑽《きり》・包丁などがあり、消去法でいけば、このグループに入る。使いかけの状態で残された麻布（税として納められた調庸布）も集めれば相当量にのぼるが、当時の布は、日常使用の素材（消耗品）と現物貨幣的な性格をあわせもち、造東大寺司は、常にいかほどかのストックをもっておく必要があったはずである。素材のまま伝わっている麻布の生産国は、東海道では相模《さがみ》・武蔵《むさし》・安房《あわ》・上総《かずさ》・下総《しもうさ》・常陸《ひたち》、東山道では信濃《しなの》・上野《こうずけ》・下野《しもつけ》、北陸道の佐渡《さど》で、さすがに麻布の特産地である東国に偏しているが、諸国に置かれた東大寺の財源である封戸《ふこ》との関連も視野に入れる必要があろう。

いずれにしても、これらは、東大寺の資財とは別の範疇で理解しておくほうがよい。多くは、加工材料、実用品・消耗品であり、当時の価値としては、献納宝物はおろか、東大寺の什物にも遠くおよばない。伝存の契機にしても、大切に保存されたというより、消費されずに残ったもの、不要となったまま倉のなかに取り残されたものなど、幸運な偶然の介在なくしてはありえなかった、長い時間のなかでいつ消滅しても不思議ではなかったものである。

しかし、このグループの品々が伝わった結果、宝物の多様性は大きく広がった。庶民や下級役人たちの、仕事や日々の衣食住に関わる品が伝わったからである。

とくに日本古代史の立場からすれば、正倉院文書の伝来は、奈良時代の文献史料を格段に豊かにしたといえる。戸籍《こせき》・計帳《けいちょう》・正税帳《しょうぜいちょう》をはじめとする、国家の政治制度に直結する公文書や、仏教を具体的なかたちに定着させる現場で作成された写経所文書群など、八世紀に作成された原本が、これだけ大量に、良好な状態で残っていることは驚異的である。

五　中入り——「ご先祖様捜し」の途中で

ここまで、ずっと宝物の由緒に注目して、その品が、どのようにして正倉院へ入ったか、という点を探ってきた。これは、実のところ大きな循環論法であることにお気付きだろうか。

つまり、いま残っている宝物の銘文に依拠して、「いついつの時期に、これこれの品が納められ、いまに伝わっている」という説明を行っているのである。これは当たり前、ではないか。

そうならないために、この説明方法には、安全装置が組み込まれている。その一つが、銘文や諸記録が、しばしば現存しない「もの」についても言及することである。このため、先の説明は、「……これこれの品が納められたなかで、これは失われ、これは伝わった」となる。着目点は、ものごとの起こりにあるから、これを「ご先祖様捜し」と呼んでみたい。

すべての宝物に「ご先祖様」は存在する。しかし、捜してたどり着けるのはその一部に限られる。また、「ご先祖様」のすべての子孫が、いまに伝わるわけではない。

このように考えると、この方法では、目前にある、総体としての正倉院宝物を把握することは不可能であることがただちにわかる。ご先祖様ではなく、いまここにいる「私たち自身」の全体を網羅的につかみ取る方法が、別途必要になるのである。

その必要じたいが、これまた歴史的所産であった。時移って明治時代となり、政府が正倉院を、一括して直接的に管理する必要が生じたとき、それが、総体としての正倉院宝物の、はじめての成立であったとも極論できる。これについては、また章を改めて述べたい。

「祖先の子孫」と「私の先祖」。現在と過去をむすぶ道筋を照らす灯りの、二つの照射方向。この二つの視点は、学生時代、古代史――戸籍と古代家族の勉強をするなかで学んだ見方である。

考えてみれば、歴史学そのものが、時間的・空間的に離れた過去の事象を相手にしながら、いま現在、この場所で、その問題と取り組むという二つの視点を基本とする学問である。それは、遠くのものを一瞬に近くに引き寄せる遠眼鏡の援《たす》けを借りて、千里眼の能力を我がものとするに等しく、一種魔法めいた魅力を秘めるものだった。

第5章　宝庫・宝物の一千年——平安〜江戸末期

正倉院を訪れた客人を事務所から正倉へと案内する道筋、一宇の仏堂の前を通る。持仏堂《じぶつどう》と呼ばれて、周囲には築山《つきやま》・池を巡らし、なかなかの風情である。この建物は、四聖御影《ししょうのみえい》（東大寺創建に力のあった聖武《しょうむ》天皇・菩提僊那《ぼだいせんな》・行基《ぎょうき》・良弁《ろうべん》の画像）をまつった東大寺の塔頭《たっちゅう》、四聖坊《ししょうぼう》（江戸時代の開封記録には会所坊の名でみえる）の旧本堂であり、奈良奉行《ぶぎょう》の休息所や、明治以降は宝庫拝観人の控所にあてられ、一時、経巻調査などが行われたこともあった。また、四聖坊は、近世初頭には新たに盛行した茶道の世界で、名物を多数所有し、奈良随一の名を馳《は》せたことでも知られる。永禄《えいろく》一〇年（一五六七）の兵乱で焼失した後の再建がいつのことか、明証を欠くが、おおむね江戸時代初期、寛永《かんえい》末年（一六四〇年代）、三代将軍徳川家光《いえみつ》の時代には現位置での復興は果たされていたらしい。いま堂の屋頂には、露盤《ろばん》に寛文《かんぶん》六年（一六六六）の紀銘のある宝珠《ほうじゅ》が上がっており、開封の行われたこの年の建築であることをうかがわせる。すなわち、中国では清《しん》の康熙《こうき》帝治世の初期の建築ということになる。これが、戦後に建設された宝庫・庁舎をのぞけば、正倉院構内ではいちばん新しい建物なのである。

正倉院にいて困るのは、古い・新しいという時間の感覚が、少しずつ世間一般とずれてくることである。自覚症状があるうちは、まだ正気の範囲内であると思うが……。原因ははっきりしていて、一二〇〇年あまり前の「もの」と、日常的に向かい合う、そのことによる。

いま私たちがみている正倉院宝物の華麗な姿は、明治時代の修理を歴《へ》て、往時の輝きを取り戻した結果なのであって、宝物の真の姿はそこにない、という見方がある。事実と、幾分かの誤解が含まれた見解だと思う。復元的な修理を受けているとはいっても、そもそも、元がよくなければ、始まらない。断片と化した宝物であっても、それだけの力を秘めており、明治の工人は、残ったものに多大の敬意を払いつつ、本来もっていたものを十全に引き出すような修理を行った。個性をあえて抑え、矩《のり》を踰《こ》えない仕事をしたことが、宝物をみていればわかる。

それだから、困るのだ。ものと、自分との間に存在するはずの一〇〇〇年をこえる時間は、どこにいったのか。それにふさわしい遠近法によってではなく、ものが、あまりにもはっきりと、みえすぎるのである。この章では、そのみえにくい時間のなかで起きた出来事について述べてみたい。扱う時期は、平安時代から江戸時代まで、約一〇〇〇年の長きにわたるが、時系列に沿って、年表を拾い読みするように進んでいくことにする。

一　平安時代

四通の曝涼帳《ばくりょうちょう》の最後にあたる、斉衡《さいこう》の宝物点検（八五六年）が行われてほどなく、貞観《じょうがん》二年（八六〇）八月一四日に紫鑛《しこう》を出蔵した記事を最後に、宝物・薬物の出蔵記事はみられなくなる。そこまでの経過については、第3章で、宝物・薬物を対比させるかたちで、時期による変遷を追いかけてみた。この最後の記事も、斉衡三年に書かれた記録（第四櫃納薬）の余白に走り書きのように追記されたものである。

こうして正倉院は、「動用」の倉から「不動」の宝蔵へと性格を転じていった。その結果、宝庫も宝物も、「見られる」存在となったのである。すなわち宝庫は、破損・雨漏り・盗難などの害がなかにおよばぬよう見守られる対象となった。宝物の実際の利用も、貴顕《きけん》が東大寺を来訪した折の慣例となった宝物御覧（その例を開いたのは、東大寺で受戒《じゅかい》した藤原道長《みちなが》であった）など、ごく限られた局面のみとなり、江戸時代末まで、宝庫の改修の際の開検すなわち「見ること」が、宝物に対する「ひと」の関与の普通の姿となったのである。

宝物を見ること。それは、一つの特権でもあったが、責務として「見る」必要があった人々がいる。東大寺の寺務を預かる別当《べっとう》もその立場である。歴代の別当については、『東大寺別当次第』という成書があり、古い部分には疑わしい記述を含むものの、他に類のない価値をもつ。ここに、各在任中の事績や納物の動きなどが記されている。

「見守る」役目、すなわち警備担当者の詳細は、よくわからない。『東大寺要録』諸会章之余に引く寛平《かんぴょう》年中記（八八九〜八九八）には、正月の仏供雑用料として正倉院守《もり》の食料米一斗五升がみえるが、全般をうかがうことは難しい。

ともあれ、「見る」「見守る」は、平安時代の正倉院を考える第一のポイントである。

次に、実際の利用に代わって、この時期に関心が向けられたのが、倉の管理体制である。

おさらいをしておくと、北倉《ほくそう》には、天平勝宝《てんぴょうしょうほう》八歳（七五六）以降の献納宝物が納められ、当初から勅封《ちょくふう》による管理が行われた。また南倉《なんそう》は、東大寺開眼会《かいげんえ》所用品ほか、什宝類の収納場所に使用されたらしく、奈良時代末には実質上、僧綱《そうごう》の管理する綱封蔵《ごうふうぞう》となっていた。これに対して、中倉《ちゅうそう》は、本庫の頻繁な開閉を避ける意味で品物を仮出蔵したスペース、いわば緩衝地帯としての使われ方があり、はじめは造東大寺司《ぞうとうだいじし》の管理下に置かれた。ここまでが奈良時代の概況である。

平安時代に入って、東大寺の経済活動の拠点、あるいは財政部門の中核としての倉の性格が、しだいに変容していく。延暦《えんりゃく》八年（七八九）の造東大寺司廃止、造寺所への再編にともなって、実質が三綱所《さんごうしょ》ないしその後身の上政所《かみのまんどころ》（上司《じょうし》）に移ったのである。このようななかで、中倉も永観《えいかん》二年（九八四）頃までには勅封に移行したらしい。繁を避けていちいち述べないが、東大寺に存在した多数の倉庫群の消長と、それに伴う管理体制の変化は、断片的に残された史料をもとに、福山敏男氏や熊谷《くまがい》公男《きみお》氏の研究によってかなりのところまで明らかになった。これが第二のポイントである。

最後のポイントが、災害・事件の歴史である。前触れなしに発生し、後になにがしかの影響を残すことは、平安時代に限らない。いまに至る東大寺山内の諸堂舎の歴史は、退転・再興の繰り返しである。

❖延喜《えんぎ》五年（九〇五）五月二〇日。この日付プラス「交替実録」という文言が、「宮」の銘とともに、魚骨笏《ぎよこつのしやく》（楽具か）に記されている。実録帳と現物との照合時の書き入れと考えると、東大寺の新旧別当の交替が思い起こされる（野尻忠氏の説による）。交替とともに、引き継ぎや帳簿検査等の事務が発生するのは、現在も変わらない。

❖延喜一四年（九一四）一二月一一日、別当智愷《ちがい》（鎧）は、新任の際に銀鉢を作らせて納入したという。銀鉢は、供養具として使われるものであった。

❖延喜一七年（九一七）一二月一日夜半、大仏殿の背後に位置する講堂と、講堂を東・北・西から囲む三面僧房《さんめんそうぼう》一二四間とが焼亡した。出火元の西室《にしむろ》二室は、現在宮内庁《くないちよう》の敷地となっている事務所前面の芝地の一部にあたり、そこから火は東に向かって延びた。正倉にもっとも近い北室は、正門から東に連なる白塀に沿うあたりに建っていたはずで、夜間の近接・大規模火災が関係者をどれほど恐れさせたであろうか。東大寺としても、天平創建以来はじめての大火であった。

❖延喜一九年（九一九）三月一三日には、大仏の御鉢八口（銀・金銅）・花盤《かばん》七枚を出蔵、同一四日（花厳会《けごんえ》の当日）に銀鉢四口を出蔵し、両日とも即日返納している。なお、同じ年の四月（八日に大仏殿で伎楽会《ぎがくえ》を行う）には、呉楽《くれがく》力士の新しい装束一式が倉町から下された。裏《つつみ》の銘にみえる「倉町」は、後述する道長の宝庫拝観の記事にもみえるが、「倉の並ぶ一郭」、意訳すれば、「（造東大寺司の流れを汲む）造寺所の倉」ということになろうか。この装束は、天暦《てんりゃく》九年（九五五）四月八日にも使用されたか。

❖天暦四年（九五〇）六月。現在の法華堂《ほっけどう》（三月堂）を中心とする羂索院《けんじゃくいん》の双倉《ならびぐら》が朽損し、甍瓦《いらかかわら》・材木がことごとく崩れ落ちるありさまであった（延喜二〇年〔九二〇〕一二月一四日に、阿弥陀堂《あみだどう》・薬師《やくし》堂《どう》などの雑物を羂索院双倉に移し、綱封としてあった）。そのため、納めてあった宝物・雑物はすべて「正蔵三小蔵南端蔵」（南倉）に移して綱封とした。

❖天徳《てんとく》四年（九六〇）一〇月、東大寺別当光智《こうち》は、新造の尊勝院《そんしょういん》（『東大寺要録』諸院章は天暦元年創立と伝える）をもって寺家の一院とすることを請うた。尊勝院は、後代、東南院と並ぶ名門と称され、学僧を輩出したことでも知られるが、その教学を支えたのが、この尊勝院経庫に伝えられた、のちの聖語蔵《しょうごぞう》経巻である。

❖天禄《てんろく》二年（九七一）五月一七日。東大寺の法縁《ほうえん》は、この日に別当に任ぜられて以後、二年あまりの間に、多くの堂舎の修理によく功をあげたという。とくに破損のはなはだしかった堂舎として、大僧房六宇・東塔院・戒壇院《かいだんいん》・薬師院・正蔵院・講堂・軒廊・食堂入隅《じきどうのいりすみ》・上下政所坊の名があがっている。

❖永観二年（九八四）。『東大寺要録』が拠ったこの年の「分付帳《ぶんづけちょう》」に正蔵院の鎰《かぎ》の記事がある。七具が倉坊にあり、二具は勅封鎰（官にあり）、二具は綱封蔵、一具は北隔、一具は東三倉、一具は西行南一倉のものという。これに続き、北倉代（賚持〔?〕灌頂等を納む）、東行南一倉（袈裟・香炉を納む）、東行南三倉（錫杖・柱纏・龍頭ほか）の倉名と納物をあげる。

❖寛仁《かんにん》三年（一〇一九）九月二九日。この日、入道前太政大臣藤原道長が、摂政頼通《よりみち》とともに南都を訪れ、東大寺において受戒した。

一連の経過は、藤原実資《さねすけ》の日記『小右記《しょうゆうき》』と、源経頼《つねより》の日記『左経記《さけいき》』の二つの同時代史料に記されている。名門小野宮流《おののみやりゅう》の孤塁を守って、終始道長に対して批判的な立場を崩さなかった実資と、実務官僚として道長・頼通父子に最後まで忠実に仕えた経頼との、対照的な書きぶりの日記によって、道長の行動が立体的に浮かび上がる。

道長は、三月に落飾《らくしょく》、四月頃には南都での受戒を思いついたようで、出家の際の戒師院源《いんげん》が臍《へそ》をまげる（天台の僧であり、南都には何かと対抗意識があったろう）、という一幕もあったが、動きは九月に入って本格化する。

東大寺での受戒の先例として、寛和《かんな》二年（九八六）の円融院《えんゆういん》の記録について実資のもとに問い合わせがあったりしたが、いよいよ二七日に一行は京を発った。宇治で一泊したのち、二八日早朝、故仁《じん》盛《せい》の宅に入り、ここで道長は経頼を呼んで、東大寺勅封蔵の匙《さじ》をいますぐに取って来るように命じた。

経頼にしても、初めて聞く話だったろうが、早速使いを出して取りに遣らせている。

二九日は晴れ。辰剋《たつのこく》(午前八時)に道長は戒壇に登って受戒した。ついで大仏殿にて誦経《ずきょう》、食堂にて千僧供養、その後道長は、興福寺・春日大社に参詣している。この朝、勅封倉の鍵をもって、大監《だいけん》物《もつ》の平惟忠《これただ》が奈良に馳せ参じていったことが、都に残った公卿《くぎょう》らの話題となっていた。

翌三〇日、昨夜半から風雨はことに甚だしかった。まず道長は、蔵町(正倉院構内か)に着して、宝庫の開扉の様子をみている。次に、東大寺別当、関係所司、経頼と、京から駆けつけた大監物惟忠を倉に登らせ、扉を開いて実検せしめ、さらに宝物を取り出させて御覧のことがあった。終わって、監物惟忠の封を付けて倉を閉じ、道長は帰途についた。

右記の道長の例は、貴顕が東大寺で受戒した折に、宝物御覧を行った記録上の初例とされる(円融院のときに同様のことがあっても不思議ではないが、不明)。そこには「宝物」とあるだけで、具体的な品目は知られない。記録を読んでいても、どうも、道長が強い関心を示したようにはみえないのである。記主である実資・経頼も同じ。かなで記された『栄花物語《えいがものがたり》』『大鏡《おおかがみ》』も然り。ただ道長のめでたき様の讃美に終始する。正倉院の品は、王朝貴族の嗜好《しこう》には合わなかったようである。

❖治安《ちあん》元年(一〇二一)、別当朝晴《ちょうせい》の代に、三昧堂《さんまいどう》が創建され、供養の儀があった。一〇月一日、平致経《むねつね》が紺瑠璃唾壺《こんるりのだこ》を施入、これを印蔵《いんぞう》(重要物を納めた倉)に納めた。

中倉の紺瑠璃壺がこれに相当すると考えられている。深い紺色の美しい小ぶりの器であるが、よくみると、吹きガラスの回転の跡を示す気泡が入っている。その部分はガラスが薄皮一枚といってよい状態で、扱うときにはとくに緊張する品の一つである。

❖長元《ちょうげん》四年（一〇三一）七月五日、東大寺別当仁海僧都《にんかいそうず》が藤原実資の許を訪れた。勅封倉の棟が強風の被害にあったという。勅使を差遣《さけん》して修理すべきであると、実資は早速、関白頼通に報告している（『小右記』）。八月に至り、右大弁《うだいべん》源経頼のもとに、部下の右中弁《うちゅうべん》から手紙が来て、「監物を伴って東大寺に向かうよう命が下った。勅封倉は開いて修理を終えたが、南倉も板敷の下まで漏れ通って湿潤し、恐らく納物等も湿損しているのではと疑われた。そこであわせて開検し、修理を加えようとしたが、もっていった鎰が合わず、倉を開けられなかった。どうしたものか……」といってきた。そこで経頼は関白のもとへ行き、指示を仰いでいる（『左経記』）。

別当仁海の在任中には（長元四年か）、正倉院の動用倉が顛倒《てんとう》したという記事がある。勅封倉とは別の倉であるが、近くにあった倉の可能性もあり、同じ強風による被害かもしれない。

❖長暦《ちょうりゃく》三年（一〇三九）三月三日、夜、盗人が勅封倉を焼きうがち、こっそりと宝物を取っていった。『東大寺別当次第』が、深観《じんかん》が在任中のこととして伝える事件である。発生から一年半、事態は急展開した。

藤原資房《すけふさ》は、『春記《しゅんき》』に次のように記している。

（長暦四年九月）二四日、一通の日記（日付入りの記録）を（検非違使《けびいし》）別当の許に送った。内容は、東大寺勅封倉の銀などを盗んだ犯人を取り調べた記録である。僧長久を主犯格に、数名の共犯者の名が挙がっている。長久は去る一八日に捕らえられ、一九日に取り調べ、二〇日に蔵人《くろうど》義綱が天皇に奏聞し、共犯者と贓品《ぞうひん》の捜索をしっかり行うよう指示をいただいた。二五日、共犯の菅野清延を逮捕、銀三〇両を摘発したという。

一〇月に入ると、押収した銀の処置について議が行われている。

一八日。……東大寺から盗まれた銀は、捜し出したところ百余両に及んだ。検納する所がない、とりあえず東大寺当局に預けてはどうだろうか。……明日は凶会日《くえにち》（で日が悪い）なので、二一日に定めよう……。

一九日。東大寺の銀は、検非違使庁に納める場所がないのだから、東大寺に預けることには何の問題もない、と関白の裁定が下った。

正倉院には、檜合子蓋《ひのきのごうすのふた》一口が伝わる。銘文に、「長久《ちようきゆう》元年（長暦四年から改元）十二月廿七日」の日付と、銀二五八両一分・雑羅垸《ざふらのわん》一口・白盤三枚という納物名を記すことから、事件の後で戻ってきた銀を入れた容器であることがわかる。このほか、前述『東大寺別当次第』には、長久二年一二月二九日に、検非違使庁から糺返《きゆうへん》せられた黄金が送られ、別当・所司・五師によって検封して印蔵に納めたとみえるが、これは前年の銀の返納と混交したものだろうか。なお、犯人一味のその後は記録に残っていない。

❖天喜《てんぎ》五年（一〇五七）一二月一八日。この日、東大寺修理所が、当年に実施した修理二五箇所の工期・用材・費用についての報告書をまとめている。東大寺印蔵に伝来した東南院文書に「修造」と題された巻があり、連年の修理関係文書を集めたなかに天喜五年の記録が収められている。これによると、正倉院関係では、南御倉（南倉）を正月一六日から工期一一日で修理、勅封御倉（北・中倉）の棟一間分を工期一日で葺《ふ》き替えている。なお、同じ記録に「綱封御庫」を七月二二日から工期二二日で修理したとみえるが、同じ倉を前回修理から半年後に再修理するのは不審である。当時綱封の倉は正倉院南倉一つではなかったのだから（このため「正蔵院南御倉」と詳記されているのだ）、これは別の倉であろう。

この記録から、当時、東大寺境内の堂舎・庫蔵について、経常の維持管理体制、「見守る」システムが機能していた様子がうかがわれる。

❖承暦《じょうりゃく》三年（一〇七九）八月二八日。東大寺の要請により、勅封倉乾角《いぬいのすみ》（北西）の破損修理に伴う開扉に立ち会うため、権左中弁《ごんのさちゅうべん》源朝臣《みなもとのあそん》（師賢《もろかた》）、大監物源行高《ゆきたか》、主鈴安倍助清《しゅれいあべのすけきよ》を派遣する、という内容の官宣旨が東大寺に下された。破損したのは、（十余年前の）別当延幸《えんこう》の代であるが、寺のほうも人が入れ替わるなかで、ついつい修理が遅れていた、という。時に、別当慶信《けいしん》の代のことである。このとき宣旨により勅封倉から麝香《じゃこう》五両を官に進め、代わりに銀提子《ぎんのていし》一口が施入された。その料、二五〇両という。銀提子は、いまも南倉宝物として伝わる銀製、大型の手付き鍋である。大きさに比して、もってみると軽いのが不思議な品である。

❖嘉保《かほう》二年（一〇九五）に別当に任ぜられた経範《けいはん》の在任中のこととして、正倉院南列蔵の焼亡を記す。倉庫群の正確な配置は不明であるが、勅封倉の南に並ぶ複数の倉がこのとき失われた。それどころか、史上、勅封倉からもっとも近い位置での火災は、勅封倉本体の焼失と紙一重の危機であったことは間違いない。

別当経範の代は、着任早々から、東大寺では寺衆の半数は違背、院宣《いんぜん》をもって張本人を追い却《しりぞ》けようとしても、喧嘩が絶えない、と記される不穏な時期であった。

❖康和《こうわ》二年（一一〇〇）。この冬、勅封倉を修理した。時の別当は禅林寺《ぜんりんじ》から晋山《しんざん》した永観《ようかん》である。

❖永久《えいきゅう》五年（一一一七）八月七日、白河《しらかわ》法皇の院宣により、僧綱が東大寺綱封蔵（南倉）の納在品を勘注、目録を作成している。時の別当は勝覚《しょうかく》。在任多年ながら修造に勤めず、と酷評されている。しびれを切らした誰かが、法皇周辺を動かしたのであろう。

そもそも古目録も近年開検したときの目録もみあたらず、品物の本来の数も、増減もわからない。また、この前年（目録の注によれば、永久四年二月一一日の目録が存在した）、重物については勅封蔵（おそらく中倉）に移したので、いまは点検時点に南倉にあったものだけに限って記しおく、とあるが、上下階ごとに見在品を書き上げて完成させた目録からは、なかなか気合いの入った点検だったことがうかがわれる。あわせて、銀・銅の材料・製品については、重さの計量も行われた。ここに、現正倉院宝物のうち、勅封蔵以外の源流をもつ品について、全般的な目録が初めて完成した。画期的な出来事といえよう。

この目録には、辛櫃《からびつ》八三合とその納物（一切経櫃八合は、後に取り出されたことがわかるので除く）ほかの納在品をあげる。現存品のいくつかは、個体もしくは群として、永久五年時点で南倉に存在したことがわかる。青子瓶《せいじのへい》（青磁瓶＝三彩《さんさい》の磁瓶）、象牙《ぞうげ》、厨子《ずし》、大錫杖《だいしゃくじょう》（鉄・銅）、幡《ばん》、舞装束（辛櫃二六合）、花筥《けこ》、面、鼓筒（黒塗）などは、現在の南倉宝物の源流である可能性が高い。開眼会を起点とすれば、三六〇年あまり。正倉院宝物の歴史を考えるうえでの、貴重な中継ポイントである。なお、現在、柳箱と呼ばれるものが、永久当時の「花筥」のなかに含まれた可能性があるが、そのなかの一つに「永久五年八月七日」の日付をもつものがあり、永久目録の容器に使われていたことがわかった。

磁　瓶（**胴径25.8cm，高さ42cm**）歴とした奈良三彩の壺だが，永久5年の目録には当時の輸入陶磁好みを反映して「青子瓶一口　高二尺但口欠」とある．「二尺」とはちょっと背伸びしすぎか．口縁部の欠損も由緒正しいものとわかる

❖大治《だいじ》五年（一一三〇）五月一日。この日、東大寺で千僧御読経（観音経）が行われた。午時《うまのとき》に終わった後、勅封倉を開いて点検した。別当定海《じょうかい》がともに立ち会った。湿損の疑いがあったためだろうか。これは藤原宗忠《むねただ》が『中右記《ちゅうゆうき》』に記したものである。この日、宝物を実見した際の書き付けが「御物納目散帳」のなかに残っており、鏡三面（円鏡一、八角鏡二）と胡瓶《こへい》（現存の漆胡瓶《しっこへい》）も「見られている」。

❖康治《こうじ》元年（一一四二）五月四日、鳥羽《とば》法皇は南都に御幸、五日、東大寺において前関白藤原忠実《ただざね》とともに受戒した。翌六日、朝早くから、法皇と忠実は、勅封倉を開いて宝物を御覧。このときの様子は、藤原通憲《みちのり》（信西《しんぜい》）の編纂した史書『本朝世紀《ほんちょうせいき》』に、詳しく記されている。

　昨日、急に開扉の議が起こり、弁一人を呼び寄せることになった。蔵人左少弁《くろうどさしょうべん》源師能《もろよし》、大監物藤原時貞《ときさだ》が鎰《かぎ》〈この鎰は鈴印の辛櫃のなかにある〉を持参した。鏁《かぎ》（扉の錠前）が銹《さ》び付いて数刻の間、悪戦苦闘したが開かず、ついに相談の結果、局《とぼそ》（開き扉の吊元《つりもと》の出っ張った回転軸）を切るという非常手段に訴えて落着した。

　宝物のなかから、聖武天皇の玉冠、鞍《くら》、御被《おんふすま》、枕、碁局《ききょく》、甘竹簫《かんちくのしょう》、（尺）八、竽《う》〈形は笙《しょう》の如し〉、王右軍《おうゆうぐん》（羲之《ぎし》）鳧毛屏風《かもげのびょうぶ》を、侍臣が運んで御前に置いた。この屏風には、良田の讃があり、判官代高階《たかしな》通憲（鳥羽院司、法皇の近習）を召して読ませた。

　また、一つの銅壺があり、その姿は上が長く下は扁平であった。法皇の問いに答えて、「これ投壺の器なり。その形三礼図《さんらいず》に見え畢《おわ》んぬ。また往代の勅封倉目録にこの銅壺あり。中にもしくは小豆あらんか」と奏する通憲の言に、人を召して壺を倒させたところ、果たして小豆が二、三粒出てきた。人々は皆感嘆した。このような古器を知るものはいなかったからである。

高階通憲の面目躍如というところだが、この通憲こそ『本朝世紀』の編者通憲に他ならない。つまりは自慢話ということになろうが、裏付けがあれば許されるのではないか。古典に渉《わた》る学識や、宝物名称を適確に表現している点は、さすがと思わせる。こののち彼は、後白河《ごしらかわ》天皇の近臣として勢威を振るう。保元《ほうげん》の乱に勝利を収め、平治《へいじ》の乱でも勝ち組側に身を置いた。それにもかかわらず、奇襲されて宇治田原《うじたわら》に逃亡、土中に穴を掘って潜伏するところを発見されて、あえない最期をとげる。その後の運命の激変は、この日の東大寺では、もちろんその兆しすらうかがえない。

なお、『本朝世紀』は、翌二年五月二六日、「勅封蔵内一宇修造の功」により源厳《げんごん》を従儀師に補すとあり、また同年八月一九日に左大弁顕業《さだいべんあきなり》が勅封倉を開くため南都に下向と記す。前年の開封・宝物御覧との関連は不明である。

❖久安《きゅうあん》六年（一一五〇）三月一七日。平忠盛《ただもり》（清盛《きよもり》の父）は、亡息家盛《いえもり》の一周忌にあたり、遺品である蒔絵野剣《まきえのだち》・丸鞆犀角帯《まるともさいかくのおび》・紫檀地螺鈿箙《したんじらでんのえびら》を東大寺に施入した。東大寺はこれを綱封蔵下階に納めた。施入の意図は不明というよりほかはないが、伊賀国鞆田荘《いがのくにともだのしょう》をめぐる東大寺との緊張状態の緩和をはかる意味があったかもしれない。この品々の受け入れ文書に続き、仁安《にんあん》二年（一一六七）に至る、綱封蔵から大仏殿・印蔵・倉代との間で行われた品物の出し入れ関係の出納文書の一部が伝わる（「塵芥文書」所収）。

❖永万《えいまん》元年（一一六五）七月一八日、六月に皇位を受け継いだ六条《ろくじょう》天皇の即位式を控え、礼服御覧の儀が行われた（『山槐記《さんかいき》』）。これは、即位儀に先立って、当日着用する礼服（袞冕十二章《こんべんじゅうにしょう》と呼ばれる中国風のもの）をあらかじめ清涼殿昼御座において点検する儀式である。

このときは、礼服御覧が済んだ二二日に、僧綱から東大寺に命令が下り、礼服を二七日の即位式本番の料として内裏に進めるため、威儀師玄厳《げんごん》を遣わす旨の牒が出された。ところが肝腎《かんじん》の礼服が勅封倉にあるのか、綱封倉にあるのか、関係者の間でも情報が錯綜《さくそう》し、期限の迫るなか、あわてふためく様子が、東南院文書に収める史料から知られる。ここまで、米田雄介氏の研究にもとづいて述べたが、この例は、礼服御覧に際して、正倉院の礼服が参考にされたことが明確に知られる初例であろう。

これに懲りたのか、朝廷では、仁安二年（一一六七）九月、五条内裏が焼亡すると、早速焼跡から印・鎰などを回収し、一〇月九日には辛櫃二合を新調して、そこに東大寺勅封倉の韓鎰・鏁鎰三その他を納めた（『兵範記《ひょうはんき》』）。ここにみえる正倉院のカギの構成は、三倉共通の「韓鎰」（くるる、折鍵とも）プラス、三倉それぞれで異なる錠前用の鍵各一というもので、いまも変わっていない。この鍵のセットを持参すれば、勅封・綱封のすべての倉を開けられるわけである。

❖嘉応《かおう》二年（一一七〇）四月一九日、後白河法皇は南都に御幸、前太政大臣平清盛らがこれにしたがった。翌二〇日、法皇は宝物御覧を行い、その後、登壇受戒の儀が行われた。

宝物は、御在所の東大寺西室にあらかじめ運ばれ、その場には清盛も同席したという。御覧に供された品目は明らかでないが、二巨頭にまみえた宝物は何だったか。なお、このとき法皇に戒を授けた戒和尚は、東寺長者の権僧正《ごんのそうじょう》禎喜《ていき》であったが、この後、治承《じしょう》元年（一一七七）、東大寺別当に任ぜられた。翌年一二月一九日には、拝堂の儀を行い、綱封倉を開いて宝物をみている。そして、平重衡《しげひら》の南都焼討も、この禎喜在任中のことであった。

❖治承四年（一一八〇）一二月二八日。この日、平重衡の南都進攻に伴う、いわゆる奈良焼きにより、東大寺・興福寺が焼亡した。

二五日、京を発って南に下った平氏の軍勢は総勢四万余騎。重衡勢は、木津《きづ》川など南都側の防禦線を破って進み、二八日朝には般若《はんにゃ》坂（奈良坂）の攻防が始まった。戦いは夜まで続き、ついにこれを破った重衡勢は、夜間の戦闘の不利を回避するため、周辺の在家に火を放った。折からの師走風と大火によってもたらされた風の双方が影響し合ったためか、風の動きは複雑に変転したようであり、二大寺の堂塔の存亡は、ほんの偶然によって明暗が分かれた。前後の状況を、都にあって詳しく書き記した九条兼実《くじょうかねざね》の『玉葉《ぎょくよう》』には、次のように記されている。東大寺では、大仏殿・講堂・食堂・四面回廊・三面僧房・戒壇・尊勝院・安楽院・真言院・薬師堂・東南院・八幡宮・気比《けひ》社・気多《けた》社が焼失、これらの堂舎からは、平氏の兵を恐れて御仏一体を取り出すことすら叶《かな》わず、また大仏殿で焼死した老僧・女・童ら千余人の声は天地を揺るがしたという。残ったのは、東大寺では堂舎少々、宝蔵、僧房少々で、被害は驚くべき広範囲にわたっている。兼実は、大仏の再建はいつのことになるだろうか、会昌《かいしょう》の法難（唐の武宗《ぶそう》の代にあった大規模な仏教弾圧）の再来であると嘆いている。運命のいたずらというべきか、嘉保二年（一〇九五）の正倉院南列蔵の焼亡は、宝庫南方にわずかな火除け地を生み出す結果となり、治承の災厄から逃れるのに役立ったことになる。

この事件は、平氏政権のターニングポイントとなった。南都僧兵の武装勢力にはこれまで眉をひそめる者が多かったにせよ、貴族・寺院の心は完全に平家から離れた。わずか二月あまり後には、一門の総帥、大相国《だいしょうこく》清盛が世を去る。そればかりではない。宗教文化都市南都を代表する二大寺の焼亡は、文化の断絶をともなう転換点、奈良にあっては古代から中世への大きな転換点と位置づけられよう。正倉院宝庫は、紅蓮《ぐれん》の炎のなかで歴史が大きく舵《かじ》を切るのを、身じろぎもせず見ていたのである。

二　鎌倉〜南北朝時代

治承の東大寺焼亡の結果、正倉院の一郭に建つ建物はほとんどが滅んだらしく、東大寺では「正倉院」が、倉そのものを指す、どちらかといえば表向きの言葉へと変容した。一方で、「三（ツ）倉」は、通称としてしばしば使われた。たびたび引用した『東大寺要録』の「正蔵三〔ツ〕小蔵南端蔵」が、いつ頃のいい方を反映したのかは知りがたいが、鎌倉時代には定着し、「勅封倉（蔵）」と合わせた三つの名が、明治以前の代表的な呼称となったのである。

鎌倉時代の東大寺の歴史は、鎌倉幕府の武家政権と、朝廷・公家政権との新たな状況下、大仏再建を中心とする復興の動きから始まった。養和《ようわ》元年（一一八一）、東大寺造営勧進《かんじん》の宣旨が重源《ちょうげん》に下され、その尽力により、大仏再興は着々と進んでいった。また、その過程で、武家の新たな棟梁《とうりょう》となる源頼《より》朝《とも》の支援があったことも見逃せない。

しかし、正倉院の宝庫を取り巻く状況は、修造に伴う開検、貴顕の宝物御覧・礼服御覧など、基本的には平安時代と大きな変化はない。この時代に武家が直接正倉院を訪れることはなかったのである。

❖文治《ぶんじ》元年（一一八五）八月二八日、後白河法皇は、宝庫の筆墨をもって大仏の開眼を行った。開眼僧正は遅参、これと直接関係するかどうか、法皇は仮屋の柱をよじ登って自ら開眼をしたという。大仏はまだ完成せず、顔面だけに金色を施した状態であった。またこの日、大仏殿南の壇のもとに、東西に高さ数丈の幢を立て、錦大幡一旒《る》を懸けたが、東の幡は天平の遺宝であったという。開眼を終えると、次は大仏殿再建が待っている。一一月一五日には、永久五年の目録にあった綱封蔵納物のうち、階下に置いてあった経《きょう》・論《ろん》四三一帙《ちつ》を他の経蔵に、それ以外の辛櫃二〇合、金物、舞面、古幡等を階上に移して、階下を勧進聖人（重源）が使えるように明け渡している。なおこの年六月、平重衡を木津辺りで斬り、その首級は奈良坂に懸けられた。

❖文治五年（一一八九）三月二一日。造東大寺長官（藤原）定長《さだなが》朝臣が勅封倉を開くために、監物・史（弁官の下吏）を引き連れて東大寺に向かった。勅封倉は湿損がひどく、総点検が必要との東大寺から言上があったためである（『玉葉』）。勅封倉開検は、康治《こうじ》二年（一一四三）以来ということになる。

❖建久《けんきゅう》四年（一一九三）五月一〇日。五月五日に東大寺に赴いた定長朝臣が、勅封倉・羂索院の破損状況を調べたところ、雨漏りが一向に止まらないということであった（『玉葉』）。

この後、八月二五日、修理のため再び勅封倉を開検している。この日は、開扉して勅使以下が庫内を巡検、本座に復したのち、宝物を運ばせて、順次点検していった。目録のための記録を取りながら、終わるにしたがって綱封蔵に移していく。この間、大勧進重源上人もやって来て、見物の衆徒も群れ集った。辛櫃十数合に堆《うずたか》く詰まった納物は、名前の知れないものがあるかと思えば、同じものばかりでうんざりするくらい多いものもあった。皆、倉から下へ運ばせたので、ついには運び手の足がくたびれてしまい、時間ばかりが過ぎていき、一日の確認作業も終わらないようなありさまだったので、最後は職員を上に登らせて、別に目録を取らせ、直接南倉へ運ばせた。ただし宝物は、適宜選んで勅使の御覧に入れた。北倉から始めて、中倉へと進み、両倉の納物は同じ所に仮置きした。

そして、ここまでの次第を記した後に、勅封倉の宝物目録が記されている（『東大寺続要録』宝蔵篇）。関根真隆氏は、そこに列記された納物は、永久五年目録に、前年勅封倉に移されたと記す「重物」に相当するとみる。また、北倉納物に厨子・木地厨子の二脚の厨子をはじめ、玉冠・屏風《びょうぶ》・香薬・鏡・

楽器・遊戯具などがあることから、北倉は、この時点ではまだ奈良時代以来の姿をかなりよくとどめているとも指摘した。この年、初度の宝物献納から四三七年。前年には後白河法皇が亡くなり、源頼朝が征夷大将軍に任ぜられている。

翌五年三月二〇日、勅封倉の修復が完成し、移動中の宝物は勅封倉に返納された。このとき、重源の請いにより錫杖《しゃくじょう》一〇支を出蔵し、東大寺の仏事用として与えている。

❖建久八年（一一九七）一二月一一日、僧正覚成《かくじょう》が拝堂の儀を行い、綱封倉を開き宝物をみた。

❖建久九年（一一九八）一二月二六日、東大寺の礼服を取り出すため左少弁藤原公定《きんさだ》が下向した。話の出だしからして、急に決まったことであったらしい。ところが本来随行すべき大監物が行をともにせず、空しく勅使が日を送ったという。末代の仕事ぶりは、まるで雪解けの泥濘《ぬかるみ》のようにぐちゃぐちゃ（「春凍を踏むが如し」）だ、と藤原長兼《ながかね》は記す。結局は出した礼服・礼冠は役に立たなかった（『三《さん》長《ちょう》記《き》』）。

❖承元《じょうげん》二年（一二〇八）一一月一五日、僧正道尊《どうそん》が拝堂の儀を行い、綱封倉を開き宝物をみた。

❖寛《かん》喜《ぎ》二年（一二三〇）七月一七日、北勅封倉・南綱封倉の破損を修理するため、両方の納物を中倉に移す。このときの開検の次第は、おおむね建久四年（一一九三）の前例によったもので、儀式次第も定式化して、現存の開封記録に整理された詳細なかたちで残っている。

はじめ北倉の納物を中倉に移し、ついで南倉を開いたところ、塵土が多く櫃の上に落ちかかっていた（埃のほか、雨漏りで屋根瓦の葺土が泥水となって降ったものであろう）。八十余合の櫃は一時に移すことは困難で、明日にしようということになった。その間、綱封倉の納物は、上司倉へ移してはという意見が出て、結局、上司の三宇のうち、一宇は勧進所の預かりとし、一宇に舞装束等を納め、一宇に本願聖武帝の勅書以下の文書を納めたという。

また、当日は、朝から雨が降り出したため雨儀を用いた。事務方のやりとりがあり、勅使・長官以下の座を、倉の軒下（付図によれば床下まで）に用意することになったのである。しかし、倉の背後で、宝物が倉を出入する肝腎の場面がみえないことには首をかしげる向きもあったらしく、三綱を目代《もくだい》（文字どおり目の代わり）として遣わす処置が取られている。

かように船頭が多くなると、いろいろ不都合も出る。由来、倉に収納した重要物品の点検であるから、限られた関係者の間で粛々と行われて然るべきであろう。関係者自身の数が増え、品物が本来の倉から離れた場所に運ばれるに至っては、トラブルの予感——何もなければいいけれど、という感じが強くなってくる。

案の定といおうか、同年一〇月二七日、事件が発生した。盗人が勅封倉（中倉）から宝物を盗み出したのである。「焼き開く」と記されているが、倉の上に登って鏘《かぎ》の根を一尺ばかり焼き切り、倉の戸を開けてなかに入ったらしい。寺のほうでは、代々の記録が朝廷に保管してあるため、何が取られたかがわからないという。

一一月二九日、犯人逮捕。大和国《やまと》葛上郡《かずらきのかみ》に顕識という僧がいた。これが犯人に違いないという密告をうけて興福寺の大衆が捕縛に向かい、武闘沙汰の末、顕識を打ち伏せたという。糺問《きゅうもん》したところすべてが露顕、共犯者も明らかとなった。盗み出したのは鏡八面で、細かく打ち割ってしまった。京都で売りさばこうとしたが、思うような値がつかなかったため、大仏殿前の五百余《いおよそ》所社中に包んで積み置いたと白状したので、鏡はそこから取り出して回収した。犯人らは白銅鏡の輝きに、銀製品と見誤ったものだろう。

さらに顕識は、元東大寺僧の円詮（春密）が首謀者という。同人には殺人の前科もある。潜伏先もわかったので逮捕に向かったが、もぬけの殻であった。しかし、積年の悪行の報い、その罪は遁《のが》れがたく、ついに居場所が知られて縛に就いた。一二月二五日、顕識（と舎弟法師）・春密は佐保山《さほやま》で斬首、首級は奈良坂に懸けられた。

一二月七日、盗難品の検分のため、勅使が東大寺に遣わされた。このとき勅使の左少弁平時兼《ときかね》は「前回実検のとき、宝物を倉から取り下ろしたことが、盗人を招いた根本の原因である。今回は倉のなかで宝物をみることにしよう」と述べている。また、北倉分の宝物を検分した結果、紛失したのは鏡七面（八面が正しい）、銅小壺一口、銅小仏三体であった。ただ、建久の記録は疎漏で、何がなくなったか不分明であると記されている。

なおこの鏡は、翌三年三月、東大寺に送り返されてきた。四四片に割れた一面の鏡（北倉第一四号鏡）は当時の詳細な実況検分図も伝わっている。図のとおり復元してみると、「無」と記された三片分のピースが足りない。明治時代にこの鏡は接合修復され、往時の姿をいちおう取り戻した。失われたピースの新補と破片どうしをつなぐ鎹《かすがい》には今度こそ銀が用いられた。また、割られる以前の姿は昭和五五年（一九八〇）度に復元模造品として再現された。

❖嘉禎《かてい》三年（一二三七）六月三日。勅封倉・綱封倉の開検。勅使は右中弁藤原季頼《すえより》。昼から辛櫃六合を取り出して検分を開始したところ、大湯屋《おおゆや》あたりで大衆が蜂起《ほうき》、不穏な状態だから宝物を取り出すのは賛成しかねる、との横槍が入り、点検は倉内で行われた。狭くて暗くて埃だらけの空間に関係者一同が詰め込まれたわけで、「せねばならないことが多かったので」、という理由により、点検は櫃の数を算えるだけで終わった。その結果は中倉下層（勅封倉の分）八四合、同上層（北倉の分）三四合（空一合を含む）、北倉（南端の綱封蔵の物）七三合というものだった。今回は、朝廷から持参した鍵が合わないという騒ぎがあった。前回（寛喜）の納物移動後、盗難のこともあり、倉に付ける錠を取り替えて、羂索院の錠を使用した結果という（鎰管理のシステムが形骸化していることがわかる）。また、「南」銘のある倶留々《くるる》鎰で中倉を開けたなど、いちいち不審でないことはなかった。

❖延応《えんおう》元年（一二三九）一一月二五日。前摂政九条道家《くじょうみちいえ》が東大寺戒壇院で受戒。翌日、勅封倉を開いて宝物御覧のことがあった。この日の様子は、「延応元年記」（『西園寺家記録』所収の「資季卿《すけすえきょう》記《き》」）に詳しい。

殿下（道家）の前に運ばれた宝物は、鴨毛《かもげ》屏風（俗に王羲之の筆という。献物帳〔藤原公真跡屏風帳〕を見て、殿下は淡海公不比等《たんかいこうふひと》の御筆かと推量して興じた）、玉冠二頭（うち一頭の銘に「先帝御冠」云々とあり。近代の冠に似ず、礼服の冠でもない）、玉箒《たまぼうき》（銘に天平宝字二年正月子……とあり、万葉の古歌の風情がこれでわかったと殿下はいう）、杖刀（二尺ばかりの仕込み杖となっている。星宿雲形の銀象嵌《ぞうがん》〔金が正しい〕があり、殿下は簾中《れんちゅう》で七星以下を模写したらしい。一具の星の間は、銀で〔つなぎ〕、連銭の如し）、箏《そう》、琵琶（木画装飾あり）、いずれも奇特の品である。

またこのときは、蔵前に詰めかけた東大寺大衆の求めに応じ、一、二の辛櫃を開け、鴨毛屏風を立ててみせている。

❖仁治《にんじ》三年（一二四二）三月一三日。後嵯峨《ごさが》天皇の即位料として勅封倉の玉冠・諸臣礼服冠を出蔵した。八日、即位式に先立つ礼服御覧の際、内蔵寮から取り出された御冠は、盗難にあって、みる影もないありさまだったといい、急遽、東大寺勅封倉の玉冠を取り寄せたのである。

このときも、取り寄せが決まった段階から、勅封倉の鎰が昨年末以来紛失していることが改めて問題化する、という波乱含みのスタートであったが、「東大寺に仰せて、秘計を廻《めぐ》らして取り出すように」との天皇の意をうけて、勅使は京を出発する（「秘計」とは、「鏘櫃」〔錠前本体の、中空・箱型の部分〕を鍛冶に打ち破らせるという手荒い方法だった。まったく「希代の勝事」である）。一三日、東大寺からは、玉御冠四頭、諸臣礼服冠二六頭が取り出された。

この後、短時日の間に御冠は新調され、一八日の儀式には辛うじて間に合った。ところが、返却のための帰途にあって、御冠が「散々に打ち損じ畢んぬ」という事態が出来《しゅったい》した。この事件については米田雄介氏が詳しく論じられ、そのなかで関根真隆氏の「出蔵品そのものの各部分を転用して新冠が仕立てられた」とする見解に賛意を示されている。

❖寛元《かんげん》元年（一二四三）閏七月二三日。勅封倉の雨漏り、破損を修理するため、宝物を西印蔵（上司倉）に移し置く。今回は納物実検の指令がなかったため、目録は作成しなかった。辛櫃等は封を付して運搬したが、不審を解消するため、史生一人が勅封蔵での受け取り役を務め、別の史生が倉を出るところでチェック、それぞれ員数の目録をとった（余談だが、現在でも同様に、正倉院展への宝物運び出しの際、倉の扉と輸送の車輌の脇との二箇所で、積荷の員数チェックを行う）。

修理を終えて、宝物が勅封倉に戻ったのは、三年後の寛元四年（一二四六）九月二八日のことである。このとき造東大寺長官藤原経光《つねみつ》（『民経記《みんけいき》』の記主）が南都に下向、懸案であった勅封倉の鎰も、造寺所によって新造されている。これで当分は、修復の議が起こることはあるまい、と誰しも思ったことであろう。

❖建長《けんちょう》六年（一二五四）六月一七日。戌刻《いぬのこく》（午後八時頃）、勅封倉北倉の扉に落雷した。いまも北倉内壁には、落雷による炭化の痕跡が残る。

「雷神、勅封蔵に落ち懸かり、東面北端の扉を蹴破り、下の柱等を抓裂《かきさ》いて、知足院の門辺に投げ捨つ。すなわち龍神蔵内に入り、雷火宝蔵に付く。然る間、彼の火を消さんがため、その扉を切り放ちて、還りて以て打ち消し畢んぬ。一時の騒動、万人群れ集い、偏《ひとえ》に八幡の冥助により、今三倉の安穏を得るか」と記録は述べる。

幸運な偶然がはたらいた結果ではあるが、突如襲いかかった天災は、人々の手によって、大事に至る前に押さえ込むことに成功した。和田軍一氏も書かれているが、私自身も、正倉院構内は雷の通る筋にあたるという話を聞いた。正倉を中心に、明治初期に避雷針設備が導入され、また、現在も緊急時には近隣の有志によって組織された特設消防隊が駆け付けるという体制は、かたちこそ違え、鎌倉時代まで辿《たど》ることができるのである。

北倉内壁の落雷あと　扉の脇に，鎌倉中期の落雷による焦げあとが残る．多くのひとが撫でさすったせいか，わずかな艶が感じられる

落雷から一〇日後には、勅使派遣のうえ被害状況を検分することが決定し、七月六日に宝物損失の有無が調べられている。また、北・中両倉の扉四枚、北の脇柱、敷居、龍神が引き割いた束柱《つかばしら》六本などが作り替えられた。

❖正嘉《しょうか》二年（一二五八）正月二一日、岡屋《おかのや》（前）関白（近衛）兼経《かねつね》が東大寺戒壇院で受戒。翌日、勅封倉を開いて宝物御覧のことがあった。宝物は、宿所の中御門《なかみかど》坊寝殿に辛櫃一七合を運んで披見に供したという。このときも、東大寺大衆が群集したので、御簾一間を上げて様子をみせた。

❖弘長《こうちょう》元年（一二六一）九月、後嵯峨上皇は南都御幸の折に東大寺を訪れた。上皇の出家はまだ後のことで受戒とは無関係である。同五日、中御門御所に入御、勅封倉を開いて宝物御覧のことがあった。このとき御覧の宝物を記した目録が残っており、開眼墨筆、瑠璃壺《るりのつぼ》、水精玉七、金玉三、文机一脚、双六枰の名が挙がっている。同時に、御袈裟を召し出されたというが、「厳重のご夢想」があって、翌年八月二一日に開封して返却している。夢の内容はわからないが、当時の、宝物のもち出しを是としない宝物観をうかがわせる逸話であろう。

❖正応《しょうおう》元年（一二八八）四月二三日、後深草《ごふかくさ》上皇は東大寺に御幸、勅封倉を開いて宝物を御覧のことがあった。前年一〇月、伏見《ふしみ》天皇が皇位に就くとともに、上皇の院政が始まり、時勢は上皇の一流（持明院統《じみょういんとう》）に大きく傾いた時期である。このときも受戒とは別であった。

このときの宝物目録は、紫檀厨子《したんのずし》・木地厨子二脚以下、玉冠、開眼墨筆、琵琶、鴨毛屏風など定番を含む構成（すべてをあげない）であるが、「已上《いじょう》は召されし目録。加点して召し出さるの分、かくの如し」との注記があり（加点箇所は不明）、品物のもち出しを暗示する。

❖正安《しょうあん》三年（一三〇一）。正月二一日に後二条《ごにじょう》天皇が受禅、三月二四日に即位。後掲「東大寺衆徒僉議《せんぎ》事書」に近代の例として、後二条院の御代に玉冠出蔵とあるのはこの年のことであろう。この例に続き、後醍醐《ごだいご》天皇の御代（在位は一三一八～三九年だが、宝物を出させるゆとりのあった時期がいつ頃かは不明である）に琵琶・琴を出蔵、北朝の光明《こうみょう》天皇の暦応《りゃくおう》年間（一三三八～四二）には礼服・御冠を出蔵、毎回、一時借用のはずが、返納されることがなく、失墜してしまったという。

❖嘉暦《かりゃく》三年（一三二八）四月二〇日。再び盗難事件である。この日、安倍支清は東大寺三蔵の盗人について占っている。これが初動捜査の一環とすれば、事件発生はその直前であろう。盗人の一件は、東大寺年預五師から造東大寺長官の許にも伝えられ、そこでは綱封倉の盗人とみえる。占いの結果は、「東南の方向から来て盗み出し、西北の方に去ったか。失せ物はすでに盗人の手を離れた。ただし至急に手配すれば出てくるかもしれない。東大寺周辺の人物が交じっているようにみえる」という鵺《ぬえ》のようなものであった。七月五日、犯人を捕らえた者には行賞があるべき旨周知せしめよ、との後醍醐天皇の綸旨《りんじ》が出る。

先の支清の予言では「(解決の?)期は今年九月か一二月」ともいうが、盗られたのが何で、どういう手口の犯行だったたか、その後も一切明らかでないことからみて、それが的中したとは思えない。朝廷には、使いを遣わして検分や捜査を行うゆとりがなかったのであろう。後醍醐天皇を中心として倒幕への動きが加速する時期であった。

❖延文《えんぶん》五年（一三六〇）二月一三日、朝廷から申し出のあった琵琶の出蔵について、東大寺大衆は僉議（会議）のうえ、これを拒絶した。このときの文書が「東大寺衆徒僉議事書」である。ここでは宝物の由緒と大仏への帰属を確認し、不可なる理由として、代々の天皇が「輒《たやす》く御自専《ごじせん》（勝手なふるまい）なきところ」であり、前掲した近代の違例の度《たび》ごとに、本願聖武天皇の御陵が鳴動したことをあげる。

戦乱の世が続くにしたがって、しだいに力を増してくる東大寺大衆の姿が目にみえるようである。

三　室町〜安土桃山時代

前節最後に紹介した延文五年の衆徒僉議が行われた時点で、京都に樹立された足利《あしかが》氏の武家政権は、すでに第二代将軍義詮《よしあきら》の代となっている。平安末期から武装集団を内包するようになった南都の寺社勢力に対し、新たに足利将軍家の室町幕府が対峙する。朝儀はしだいに変容・衰微に向かい、ここに、武家が直接正倉院宝物との関わりをもつ時代が訪れたのである。

❖至徳《しとく》二年（一三八五）八月二八日、足利義満《よしみつ》は摂政二条良基《にじようよしもと》らを随行して奈良に下り、春日社参詣を行った。従来の上皇の南都御幸にわが身をなぞらえたかたちであり、吉野の南朝を威圧する意味もあったに違いない。春日社は、永徳《えいとく》二年（一三八二）閏正月に本社内外の殿舎をほぼ焼失したのち、義満が施主として造営に着手し、このとき、造営はほぼ完了していた。三〇日には、東大寺に詣でてから尊勝院家に入り、ここに正倉院宝物を運ばせて拝見、ついで受戒のことがあった。後掲の

『満済准后日記《まんさいじゆごうにつき》』には、永享《えいきょう》元年（一四二九）の宝物拝見は何につけ至徳の例にしたがったと記され、碁石を召し、沈香を切ったことについても、至徳のときも同様かと述べる。

これは、宝物との関わり方からいえば、異例中の異例（の初例）である。義満自身は、勅封倉を開いて宝物をみることを許されたVIPが、ゲストブックに名を記し、記念品をもち帰るような自然なことと思っていたのかもしれない。しかし、私の僻目《ひがめ》には、この乱調子は、時代の空気の後押しあってのものとみえるのである。

❖応永《おうえい》二〇年（一四一三）一一月。中倉に納める東大寺八幡宮駕輿丁《はちまんぐうかよちょう》の衣・袴、騎兵の衣に、この年に新調したことを記す銘文がある。八幡宮は、いまの手向山《たむけやま》八幡宮で、同社の祭礼（転害会《てがいえ》・手掻会と称する大祭）に使用された衣裳《いしょう》であろう。

❖永享元年（一四二九）九月二三日、将軍足利義教《よしのり》は、春日社に参詣、ついで翌日には興福・東大両寺を巡礼した。この日の様子は醍醐寺座主《ざす》満済の『満済准后日記』に詳しい。満済は藤原氏出身で、足利義満の猶子《ゆうし》となり、近くは将軍義教の擁立に力があった大物である。

東大寺では、大仏殿・二月堂など諸堂を巡ったのち、戒壇院にて受戒、同行した摂政二条持基《もちもと》も同じく受戒した。この後、西室へ席を移し、宝蔵の霊宝拝見のことがあった。珍しい品々の中に、龍の日干しというものがあった。小さな龍の姿である。このため宝蔵を開くときには、毎度雨が降るそうだ。今日もそのタイミングで少し雨が落ちてきた。希代々々（ふしぎふしぎ）。至徳の時にも降雨の由である。……霊宝の御碁石（黒二・赤一）あわせて三つと、沈（香）二切れ（二寸ばかり）を召された。これも至徳の時と同様か。すべて先規に倣ったものである。

ちなみにこの「龍の日干し」は、「虹龍《こうりゆう》」という名を与えられて現存する。平成二〇年（二〇〇八）の正倉院展で初出陣となったが、この年、写真撮影・事前調査・搬出積み込みなど、必要があって取り扱うたびに雨が降ったのには驚きかつ閉口した。

❖寛正《かんしよう》六年（一四六五）九月二二日、将軍足利義政《よしまさ》は、念願の春日社参詣を行った。興福寺・東大寺巡礼、戒壇院での受戒、宝物拝見は二四日とあらかじめ定められた。祖父義満・父義教の吉例にならい、永享の例とは日取りまで同じである。

当日は、受戒ののち西室に入り、そこで宝物を拝見し、香を切って我がものとした。記録によれば、一寸四方ずつ二切を禁裏・将軍用に、五分四方一個を別当に献じ、このときは蘭奢待《らんじやたい》・紅沈香《こうじんこう》の二種の香を同じように切っている。

❖永正《えいしよう》五年（一五〇八）三月一八日。このとき東大寺の講堂・三面僧房等が焼失している。治承の兵火にかかって焼け落ちたのち、講堂は嘉禎三年（一二三七）上棟、三面僧房は建長元年（一二四九）頃に再建されたものである。この二つは、その後再建されず、いまに至っている。

❖永禄《えいろく》一〇年（一五六七）一〇月、奈良を主戦場とした松永久秀《まつながひさひで》と三好《みよし》三人衆の戦いで、東大寺は焼亡した。一〇日の夜、大仏殿に陣を敷いた三好方に対して松永勢が夜討ちを仕掛け、放った火が穀屋から法花堂、大仏殿回廊と燃え広がり、ついには大仏殿が炎上して「猛火天に満ち、さながら雷電のごとく、一時に頓滅《とんめつ》しおわんぬ。尺（釈）迦像も湯にならせ給う」という事態に至った。このとき、念仏堂・塔（唐）禅院・四聖坊・安楽坊・深井坊も焼失した。

❖天正《てんしょう》二年（一五七四）三月二七日、織田信長は京から大和国多聞山《たもんやま》城に下向、勅許を得て翌二八日、東大寺三ツ倉を開封した。銘香蘭奢待の拝見を願い出て、許されたためである。多聞山城は、現在の奈良市。聖武天皇陵の東にあたる眉間寺《みけんじ》山に松永久秀が築城したもので、城域は、現在の若草中学校・聖武天皇陵・光明皇后陵にわたる。

当代正親町《おおぎまち》天皇と信長との関係は、尾張《おわり》・美濃《みの》の御料地復興などを通じて緊密となり、国内平定を進める信長に対し、伝統的権威の裏付けを与えるようになっていた。この傾向は、永禄一一年（一五六八）九月に、信長が足利義昭《よしあき》を擁して上洛した直後からいっそう顕著となり、天皇は篤い尊崇をうけることとなった。皇居の修理、朝儀の復興などに対する財政的支援はその一端である。

こうした背景の下に、信長は天正二年三月一七日の上京後間もなく、東大寺に蘭奢待拝見を申し入れたのであった。これは、直接には茶の湯・香道の隆盛という風潮に背を押されたものであろうが、この前年、将軍義昭を京から追放した信長には、足利将軍家（義満・義教・義政）の先蹤《せんしょう》を追う意識があったに違いない。

この要請を二三日に受けた東大寺は、急ぎ山内の集会を催して評議した。返答を迫る信長側の圧力もあり、困惑は深まるばかりであったが、結局、信長は朝廷に多大な貢献の功もあることだから、室町将軍に準ずるという特例をもって香の拝見は差し支えなし、ただし開封の先規は厳に守るべし、という結論に至った。これを使者に伝えて、実際の拝見は来春にでもなるかと油断したのも束の間、突然、二七日に信長を迎えることとなったのである。同日夜には勅使日野輝資《ひのてるすけ》が下向、続いて夜には東大寺別当補任《ぶにん》を伝える女房奉書を携えて飛鳥井雅敦《あすかいまさあつ》も奈良に到着した。この開封のため、別当が未補のままでは具合が悪いということで急遽行われたもので、このとき別当に擬せられたのは、まだ童形の東大寺西室院主であった。

こうして翌二八日には、開封の儀が行われ、蘭奢待は、多聞山城で待ち受ける信長の許に運ばれたのであった。信長自身が宝庫に赴かなかったこと、信長配下の武士だけで香を切らず、寺僧の前で行ったことは、世評をはばかり、「私ガマシキ」という非難を回避するためという。香は、一寸四方を二つ切り取り、一つは禁裏へ献上、一つは自分たちが拝領した。

さらに紅沈香(全浅香)もみたいということになり、北倉から碁盤とともに運んだが、こちらは切らなかった。その後、信長はみずから倉内に入ってなかを一見した。南倉には香は入っていないから開けるにはおよばないと説明したが、どの倉もみたいという希望により開けた。今回、鎰を京都からもってこなかったため、番匠を召して鞘木《さやぎ》(鏘《かぎ》を隠す横木)を打ち壊し、鏘は鍛冶に擦り切らせて扉を開いた。

越度《おちど》なく事をすませることができたのは、神慮のおかげか。年預の造作、気遣いは、一夜にして白髪となるとはまさにこのことか。ここに示したのは九牛の一毛にすぎない、との述懐がある（『天正二年截香記《せつこうき》』）。

なお、東山御文庫には、信長の懇望を受けた朝廷の反応を示す文書が伝わっている。天皇が最初に奏上を受けたときの第一印象として、東大寺勅封蔵は、「（藤氏）長者宣《ちようじやせん》の計らいにはならぬ事」のはずだが、と藤原氏（当時の関白は二条晴良《はるよし》）・興福寺の干与を訝《いぶか》しみ、信長の不調法を咎《とが》め、さらにこの議を奏上してきた公卿らの不見識を責め、「聖武天皇の御憤り、天道恐ろしき事にて候」と結ぶ。「口にては申し落とされ」るから、「わくわくと書付け申し候」との言からは、不快の念を抑えて、つとめて冷静沈着に事に対処しようとする天皇の様子がうかがわれる。また、信長宛とみられる別の一通では、久しく秘せられてきた蘭奢待は、聖代の余薫であると述べ、勅封を開くことの重さを言外に伝えようとしている。

公家や東大寺周辺には、天下人の威勢をもってすれば、かような無理も通るか、と嘆息する者も多かったに違いない。一五年後、天正一七年一〇月に豊臣秀吉が南都に下向した際には、信長の記憶もまだ生々しく、東大寺は、「蘭奢待」拝領に備えて正倉院前庭に座所を設け、茶の湯では奈良随一の評判のある四聖坊での茶の接待の準備を整え、万端ぬかりなく待ち受けていたという。しかし秀吉の来寧は、大和郡山《やまとこおりやま》城主であった弟の羽柴秀長《ひでなが》の病気見舞いが目的であった。翌朝、秀吉は、まっすぐ郡山に向かって出立、東大寺の準備は空振りに終わった。天下人のなさりようは、このようなものだ、と慰め合う関係者の姿が目に浮かぶ。

四　江戸時代

慶長《けいちょう》三年（一五九八）、豊臣秀吉没。同五年、関ヶ原合戦。同八年、徳川家康、征夷大将軍となり江戸幕府開府。元和《げんな》元年（一六一五）、大坂夏の陣で豊臣氏滅亡。

江戸時代もまた激動のなかで幕をあけたことは、年表の記事だけでもわかる。三〇〇年近く続く太平の世の始まりであることは、誰も予想できなかったはずである。

慶長七年（一六〇二）、徳川家康は東大寺三蔵修理の指示を出した。これを、正倉院の近世史の始まりとみておく。日本史学の通常の時期区分とはズレがあるけれど、あまり気にせずにおこう。信長・秀吉の例は、「中世的なもの」の最後の輝きのように思えるからである。

このとき、関ヶ原の合戦に勝利をおさめてまだ二年。大坂には豊臣氏の大坂城がある。しかし修理の理由に「天下の主君たるにより」と述べているのは、誇張ではないだろう。家康の政権が、学芸・文化に対する深い理解を示すことは、大和という伝統的な権威を重んじる地にあっては、重要な意味をもつ。結果的には、家康の影響力を広く大和内外にアピールすることになる。

右の、文化の理解者・保護者としての自負は、付焼き刃からは決して出てこないだろう。しかし、単なる愛好者としてではなく、国家が文化を守ることを宣言した、その政治的感覚の鋭さに、私は驚きすら覚える。

❖慶長七年（一六〇二）六月一一日、家康は、奉行本多正純《ほんだまさずみ》・大久保長安《おおくぼながやす》を奈良に遣わした。東大寺の宝庫を開検し、来るべき修理の実施計画を定めるためであった。勅使として参議右大弁勧修寺《かじゅうじ》光豊《みつとよ》、右少弁広橋総光が立ち、久しぶりに例規に則《のっと》った開封が行われた。

正倉院に関する寺務を扱う三綱所の仕事は、このころ薬師院が務めていた。慶長一九年二月一七日の奥書をもつ『慶長十九年薬師院実祐記《じつゆうき》』は、同時代の当事者による記録であり、慶長期の正倉院に関する最重要史料であろう。この『実祐記』の書き振りをみると、東大寺側は、当然蘭奢待拝領が行われるものと予想して、奉行衆にみせたようである。しかし、「御切りならせ候事これ無く、御修理の様体ばかりにて、そのまま伏見へ奉行衆は御帰りなられ候」という意外な結果であった。

実は、異説を伝える史料もある。いちばんの相違点でいえば、家康がやって来て蘭奢待を切った、切らないの差である。こちらの説の根拠の一つに、享保《きょうほう》一二年（一七二七）に東大寺浄俊《じょうしゅん》が抜書編集した「正倉院御開封記」が引用する「或記」がある。具体的な記述もあり、まったく荒唐無稽の説ではなかろうが、浄俊自身が「寺の記と相違ありて之を用いずと云々」というものであり、正統の説ではない。同じ系統の所伝は、「南都年代記」の「東大寺三蔵の蘭奢待、内府家康公これを切らる。

ならびに財物四十を出して、奉行衆は上野守《こうずけのかみ》・大久保十兵衛二人、勅使日野殿・広橋殿、六月十一日大仏師切る」にもみえるが、これも事実誤認を含み、信をおきがたい。

これについては米田雄介氏に専論があり、家康の蘭奢待截断は考えにくいとの見解を出されているが、私も賛成である。蘭奢待截断説は、東大寺の公式見解とは離れたところで流布したものであろう。むしろ、誰もが当然と思った拝領を行わなかったことが、いかにも家康らしい。正倉院の管理の本質を見抜いたうえで、武家としての関わり方はいかにあるべきか、直観的に感知したものだろう。以後も、徳川将軍が宝物御覧、蘭奢待拝領を行うことはなかった。

慶長櫃（51×131×55.2cm）　中には未整理の塵芥が入り，今も整理作業は続く（第6章五）．天保・明治の紙箋や付札があちこちに付き，長い旅を経たスーツケースを連想させる

❖慶長八年（一六〇三）二月二五日。前年六月の検分にもとづき、修理のためこの日開封した。このとき、宝物は二ツ蔵（油倉）に移納した。納物移動を伴う大規模修理は、前回が鎌倉中期の寛元元年（一二四三）であるとすれば（建長落雷時は、損傷箇所の部分修理）、ここから三六〇年が経過したことになる。

この開封に際し、家康は新調の長持三二箇を寄進した。正倉院に現存する長持のなかに、同年の寄進銘をもつものが三一合あり、ここに「三蔵（倉）御修理、征夷大将軍右府家康公、造立を仰せ付けられ畢んぬ。ならびに長持卅二箇、御寄付ならせらる者なり。／慶長八年菊（九）月吉日／御奉行本多上野守（正純）／大久保石見守《いわみのかみ》（長安）」と書かれている。この銘文は、蓋の裏側の、滅多に光の当たらない場所に書かれていることもあり、木の肌・墨色ともに書かれたばかりのように新しい。

家康の手厚い保護のもとに行われた、この修理であったが、宝物の存在が人々に知られたことは、新たな事件の呼び水となった。歴史は繰り返すの言葉どおりである。

❖慶長一五年（一六一〇）七月二一日、折からの大風に、露座の大仏を覆っていた仮屋が倒壊した。寺の僧たちが出て、散乱した材木の後片付けに当たったが、それを取り仕切ったのが、福蔵院・北林院・中証院の三名であった。宝蔵の下で涼をとるため、この三名が集まるうち、あろうことか、話はやがて盗みに入る相談となり、北倉の床を切り破って忍び込むという手口まで申し合わせたという。

慶長一七年（一六一二）三月二一日、不思議なる売物が諸方より出て売られている、との風聞があり、山内の幹部僧である塔頭上生院・無量寿院・清涼院の三名が、この日宝庫を調べて事件が明るみに出た。評定《ひょうじょう》の結果、武家にもこの旨を届け出て、最終的には駿府《すんぷ》の大御所家康の許にも達した。犯人捜索は、武家の主導で進み、閏一〇月二一日、福蔵院・北林院・中証院を召喚、そのまま勾留《こうりゅう》した。裁きは、京都所司代《しょしだい》板倉勝重《いたくらかつしげ》出座のもとで行われ、容疑者と証人を対決させた結果、すべてが明るみに出たのである。中証院の妹婿の学順も売物の仲立ちをした廉《かど》で捕らえられた。こうして犯人は再び奈良へ送られ、一二月三〇日から猿沢池《さるさわ》畔で曝《さら》された。詰籠《つめご》を仕切って、一人ずつ「ホタ足」(絆足《ほだあし》。足枷《あしかせ》のこと)を打って押し籠めたという。

盗難のほうの後始末としては、犯人を京都に引き渡した後、一一月一三日に勅使を迎えて宝庫を開封した。このとき、宝物の目録が作成されている(「東大寺三蔵御宝物御改帳　慶長十七年壬子《じんし》霜月十三日」)。内容は、北之端下之段、北之端二階、中之御蔵下段、中之御蔵二階の納物におよび、この順に、辛櫃が「いろは……もせす」「一〜十」「いろは……をわか」の通番を付して列挙されている。これは慶長度に初めて振られた番号である。個々の宝物の記載は、北倉と中倉二階の辛櫃の納在品に限られ、中倉下段では盗人に封を切られた辛櫃の点検にとどまっている。盗難を契機とした検分だからであろう。一方、宝物の全体をみると、建久目録から約四二〇年を経て、北倉の納物の様子は一変し、厨子がみえなくなっている。南倉は直接の点検対象とはなっていない。

もう一つの後始末、犯人のその後であるが、中証院は慶長一八年四月に押し籠められたまま死亡。福蔵院・北林院・学順の三人は、翌一九年二月に曳き出されて奈良坂で磔刑《たつけい》に処せられた。この事件は、地金をねらった長暦・寛喜の例とは異なって、骨董《こっとう》品が名物として価値をもつようになった時代の所産である、と和田軍一氏は指摘する。

❖寛文《かんぶん》三年(一六六三)四月、東大寺衆僧は、久しく御開封・宝物点検が行われておらず、雨露が漏れて御宝物が朽ちるおそれがあると寺社奉行宛に書状を送って訴えた。前年一一月ごろ、奈良奉行中坊美作守《なかのぼうみまさかのかみ》（長兵衛・時祐《ときすけ》）と四聖坊英性《えいしょう》の会談からこの議が起こったものという。八月二〇日、これを受けて幕府は三倉修理を命じた。同年九月、京都所司代牧野佐渡守《まきのさどのかみ》（親成《ちかしげ》）に対し、万事その下知にしたがうべき旨の奉書が出る。そこで同四年二月二二日、東大寺は大工弥兵衛・次郎兵衛の二名に命じて三倉の図を作らせ、佐渡守の許に旧記とともに提出している。しかし、実施は遅れて、同五年一〇月、四聖坊は再度寺社奉行に願い出ている。この結果、ようやく同六年（一六六六）三月四日開封の運びとなった。

この日は大雨で、開始時刻を大幅に遅らせて儀式が開始された。大工が倉の鍵を覆う横木を取り外す際、槌《つち》で強く打ちすぎて鍵に付けた封が微塵に砕け、ありかがわからなくなるという騒ぎもあり、何とか開封を済ませて、仮屋へ戻ったが、あまりの大雨である。寺僧が本日はこれまで、点検は明日からとしてはいかが、と勅使・奉行に申し入れたが、両人は「祝儀」として一櫃なりとも出すべしといって聞かない。やむなく諸役を督促して準備にかかったところ、聖武天皇の御廟のほうから雷電大雨がしきりに降って、穏やかならざる状況となった。ここに至って奉行も「神鳴《かみなり》サハガシキト世間ノ唱へ、如何ニ候。先《まず》今日ハ退散仕之由」を一同に申し渡した。一同退散の後は風雨・雷が止《や》み、天気は殊の外麗しかったという。いまでも正倉院の仕事は、雨に左右される場合が多く、天候の気まぐれに一喜一憂することがある。

この後、七日まで各倉の点検を行い、同日閉封した。以上は、『寛文六年正倉院御開封之記』（「旧薬師院文書」）によって述べたものである。この末尾には「今上皇帝　識仁《さとひと》（霊元《れいげん》天皇）／征夷大将軍源（徳川）家綱《いえつな》公／寺務東南院御門跡大僧都俊海《しゅんかい》／勅使藤原（日野）権右中弁資茂《すけもち》……」以下、関係者を列挙している。

また、このときの点検目録「寛文六年三蔵宝物目録」は、慶長目録を踏襲して中倉・南倉に納めた宝物の現状を注記しているが、これは基本的に、慶長目録の北倉分が南倉へ置き換わったものである。

❖元禄《げんろく》六年（一六九三）。正倉院修理のため、五月一六日御開封。

大仏の修復と大仏殿の再建は、近世の奈良における最大の事業であった。永禄の兵火の余燼《よじん》が残る時期からたびたび着手しながら、このときまで果たせなかった難事が、東大寺には公慶《こうけい》上人、江戸に将軍綱吉《つなよし》と生母桂昌院《けいしょういん》を得て、元禄・宝永《ほうえい》の間に実現する。そして、大仏開眼供養（元禄五年四月八日満願）と大仏殿普請始（同七年五月）とのちょうど中間というタイミングで、正倉院修復と宝物点検が実施されたのである。

元禄二年（一六八九）六月頃から修復の内議が起こり、東大寺別当（寺務宮）済深《さいじん》親王から京都所司代への申し入れがあった。同三年九月には、奈良奉行所与力の玉井与左衛門らが宝庫の破損箇所について検分書を作り、修理の計画を立てている。さらに、実施が近づいた元禄六年二月には出仕諸役の着座する仮屋や行馬《こうば》（矢来）を建て始め、四月には、修復の間宝物を仮納する予定となっていた二ツ倉の納物を他所（二月倉）に移すなど、宝庫周辺の設営や細々とした準備が行われている。

このたびの開封は、五月一六日から八月七日にわたった。開封の日から同月二〇日までは宝物の点検が行われ、終わったものから順次二ツ倉へ運ばれた（空き箱、空き櫃は大湯屋へ）。検分・清掃の後、六月一五日からは修復に移り、七月一四日に成就、八月一日に宝物は二ツ倉から三倉へ戻った。このときの修復の跡は、床下束柱に巻いた鉄の箍《たが》（胴輪）、盤木の鼻（端の突き出した部分）に被《かぶ》せた銅板など、いまも宝庫に残るものが多い。主な関係者をあげておくと、開封の勅使は蔵人右少弁藤原（日野）（有富《ありとみ》改め）輝光《てるみつ》、寺務は勧修寺宮済深親王、奉行兼検使が神尾飛騨守《かみおひだのかみ》元知（奈良奉行）であった。当代は東山《ひがしやま》天皇。代始《だいはじめ》によって改まった年号の元禄は、むしろ将軍綱吉の名と一体に記憶されており、この時期には、朝幕間の融和が進んだといわれる。

元禄の開封については、その儀式、宝物点検、目録作成等、従前の開封にも増して、関係史料の分量が多い。開封行列図や、宝庫と関係堂舎・施設を細かく図示した開封絵図も作成され、記事は詳細となる。また、諸費用など会計記録も残っている。武部敏夫氏の試算では、費用総額は銀高にして四一貫一二四匁余、米高で約九〇〇石、金高では約七〇〇両におよぶという。

この開封中のこととして、特記すべきことに触れよう。

開封中の六月一二日から同二七日にかけて、塔頭金珠院において、鴨毛屏風および画屏風の修理が行われた。またこのとき、綱吉は、いま元禄櫃と呼ぶ長持、屏風箱、黄熟・紅沈二種の香の箱をはじめ、大小の宝物容器を新調、寄進した。点検と修理、建築と容器といった幅広い視野に立つ文化財修理・保存の先駆けとして注目される。屏風の修理に当たったのは、京都の大経師山口内匠（室町通仏光寺上ル）であった。なお、この屏風はそのまま勅封倉外に留め置かれ、寛政《かんせい》四年（一七九二）一二月、幕命により柴野栗山《しばのりつざん》（寛政の三博士の一人）らが、山城・大和の古社寺の宝物調査に来寺した際には、鴨毛屏風をみている。

また辛櫃の納物のなかに、初めて正倉院文書が「御経ノ切、水帳写、其外反古《ほご》共数多《あまた》」と姿をみせるのもこの開封の折である。さらに、閉封に際してこのとき新造した宝庫の鑰《かぎ》が、その後役目を終え、宝庫に残って明治時代に宝物に列せられた。

今後の展望として、東大寺関係の記録（「薬師院文書」ほか）に加え、奈良奉行所関係（「庁中漫録」ほかの「玉井家文書」「与力橋本家文書」等）、禁中・公家関係も、掘り起こしによる成果が期待される。これらをもとに、正倉院の近世史を描くことは、一つの課題であるが、いまはその準備が整わないため、省略にしたがう（元禄度儀式の概要については橋本義彦氏の論考があり、点検目録については関根真隆氏が検討を加えている）。

❖享保《きょうほう》七年（一七二二）一〇月二九日。京都所司代松平伊賀守《いがのかみ》（忠周《ただちか》）より、東大寺勅封蔵について、書面で問い合わせがあった。勅封の倉の数、開閉の運用、いまの封はいつ開封したときのもので、その後開いていないのか、等の質問である。この後、一一月までの間に、数度書状のやりとりがあった（「正倉院御開封勘例等御尋之日記」）。次の開封のタイミングを計るためか。東大寺側からの働きかけは確認できない。

❖天保《てんぽう》四年（一八三三）一〇月一八日御開封（第6章一九〇～一九一ページに御開封図）。前回の開封から、実に一四〇年ぶりの開封である。

話は文政《ぶんせい》一三年（天保元年。一八三〇）にさかのぼる。正倉院の屋根が大破し、東大寺が寺務（別当）御門主に申上、また奈良奉行からも江戸に言上して修理を願い出た。旧記・先例の調査等を経て、ようやく奏聞を遂げ、開封の下知がくだる。同年一一月、奈良奉行は東大寺に対して、所要の品について調べて提出するよう命じ、翌月に回答が出されている。翌二年六月、東大寺は奈良奉行へ正倉院修理口上書を提出。現地での準備は着々と進んだが、関東との連絡に手間取って遅延するうち、御門主が亡くなり、新たに勧修寺宮済範《さいはん》親王が寺務別当職に補せられた。ようやく天保四年春に開封実施と決まったが、またも故障が生じて延引、冬一〇月に至ったのである。

一八日は、辰の刻（朝八時）から奉行兼検使の梶野《かじの》土佐守《とさのかみ》良材《よしき》（奈良奉行）、寺務宮勧修寺宮済範親王、勅使の左少弁藤原（坊城《ぼうじょう》）俊克《としかつ》が順次出座して始まった。宝庫での開封の儀を終え、続いて会所坊客殿の点検の席に移る。儀式の大筋は、元禄の先例を踏襲しており、二日目以降も宝物点検が行われ、二四日までに長持一三三棹の点検を終えている。この間、寺務宮の勤務時間は、連日朝の六、七時から午後四時くらいまで。現在、正倉院で秋の開封中に行っている宝物点検を思い合わせると、なかなかハードな仕事ぶりで、集中力を保つのは大変だったと思われる。点検を終えた宝物は、東南院宝蔵・八幡宮南宝蔵（旧二ツ倉〔油合〕は元禄開封の後、この二箇所に分けて移築された）のほか、大湯屋（塵芥、空き櫃、屏風骨などの雑物）に納められた。これも元禄の例を追うものである。

今回の開封に際し、倉の修理期間を利用して、元禄の宝物目録と天保の開封点検目録を照合し、宝物の再調査を行うことが、別当宮の内慮としてあった。これは、光格《こうかく》上皇の思召《おぼしめし》を承けたもので、倉内の古物文書類の写本を作成、献上を目的としたものであった。ただ、最初のうちは辛櫃の釘がゆるんだりしており、その修理から始めねばならない状況で、実際にこの調査が許可されたのは、天保六年九月のことであった。本格的な作業はこの後、天保七年にかけて実施されたとみられる。天保六年一〇月二三日には、大湯屋に置かれた塵芥の辛櫃から勅図（「東大寺山堺四至図」）、越前《えちぜん》・近江《おうみ》の開田図が発見された（天保八年に修理）。有名な、穂井田忠友《ほいだただとも》による正倉院文書の編集・成巻も、七年早春から三〇日あまりかけて行われた（所要日数には諸説ある）。これについては、忠友自身の学識、彼と東大寺僧との間に築かれていた人のつながり、奉行梶野土佐守の理解と、三者揃ったことが大きい。この成果は、天保一一年成立の『埋麝発香《まいじゃはっこう》』、同一二年成立の『観古雑帖《かんこざつちょう》』等の著作に結実した。

また、調査の内容は、従来精査されることのなかった塵芥辛櫃におよび、総じて、好古・考証に価値をおく当時の風潮を反映した学術的な内容となっている。文化財保護・修理についても、元禄と同じく顧慮されており、杉箱一六品を新調し、記録三〇巻余を修復したことが知られる。このときの箱には、「天保七稔（年）五月新調」の墨書があり、紫檀琵琶、唐木棊局、通天牙笏、御笛、尺八、御大刀、弾弓、焼物鉢、柄香炉の箱が現在も残っている。

一方、宝庫の修復も、調査と同様、しばらく足踏み状態であったらしい。開封から一年が過ぎた天保五年一〇月になって、京都の中井主水《なかいもんど》の手代《てだい》が修理のための見分にやってきた（中井家は、京都大工頭。禁裏を中心とする上方《かみがた》の幕府作事を統括した）。御開封後これまで何の沙汰もなく、このたびは江戸より御入用取調方・御普請方二人がやってきて中井の手代二人と一緒に見分した。こうして翌六年九月一〇日、御普請の木作り始めがあり、同一八日には足場掛けが始まり、一二月二五日から御普請（本体工事）が開始した。翌七年二月には瓦葺きに移り、三月一四日には修復成就ということで、公儀から寺門に引き渡された。六月七日には、東南院宝蔵・八幡宮南宝蔵・大湯屋の仮宝庫から長持・辛櫃が戻ってきた。

かくして、三年目を迎えたこれまでに例をみない長期の開封も、天保七年六月二〇日をもって閉封の運びとなった。勅使は左中弁藤原（万里小路《までのこうじ》）正房《まさふさ》、他の諸役は、開封時とほぼ同じ顔ぶれである。当代は仁孝天皇《にんこう》。将軍は一一代家斉《いえなり》。在職五〇年の最末期にあたる。宝物献納からはすでに一〇八〇年となっていた。

❖弘化《こうか》四年（一八四七）三月一〇日、この日から東大寺大勧進所が宝物の開帳を行い、二月堂内にて拝観せしめた。四月二九日まで五〇日間である。展観された宝物は、天保に新たに編集された正倉院文書（正集）のほか、鴨毛御屛風・天平古裂《こぎれ》御屛風などである。

第6章　近現代の正倉院

第5章では、「ご先祖様」の子孫たち（第4章「五　中入り」参照）を、歴史の流れを漕《こ》ぎ下るようなつもりで、追ってみた。本章では、どちらかといえば、「私たちのご先祖」のあり方を見ていくことになる。

史料の残り具合から、この両方の観点からの検討にたえられるのは、江戸時代、元禄以降のこととなるが、大きな画期は、やはり明治であろう。ここで大きな制度的変容があり、その結果が、現在まで継続しているものが多い。いまの私たちが行っている仕事は、その内容においては古代に遡るものがあるにしても、その形式において明治に源流を求めるべきものが多い。事柄は多岐にわたり、すべてを見渡すのは到底不可能であるが、（1）国による直接管理（勅封開閉と曝涼《ばくりょう》）、（2）三倉宝物の所属確定、（3）宝物の整理と修復、（4）宝物の調査、（5）宝物の公開・普及、の五つの視点を用意してみたい。

一　明治初年の正倉院

ながらく「見られる」存在であった宝物に、再び「出用」の出番がめぐってくるのは、明治維新とともに宝庫・宝物が国の管理に移ってからのことである。朝廷・幕府・東大寺の三者が、三様の関わり方で正倉院を管理してきた時代は終わりを告げ、明治政府は、唯一の所蔵・管理者として、新時代にふさわしい宝物の保存と活用のあり方を模索せねばならなかった。

この時期、正倉院宝物をめぐる情勢として、いくつかの流れを指摘することができる。

慶応四年（一八六八）三月に、新政府は神祇官《じんぎかん》を復興し、神仏混淆《こんこう》を禁じた。これが廃仏毀釈《はいぶつきしやく》の引き金となり、やがて、この風潮があまりに過激な方向に振れた結果、寺宝の散逸や海外流出という事態《じゆったい》が出来し始めた。この事態に危機感を抱いた政府が打ち出したのが、明治四年（一八七一）五月の古器旧物保存方《こききゆうぶつほぞんかた》の太政官布告である。文化財保護行政の遥かな先蹤をなす法令といえよう。

つぎに、開封の直接のきっかけとなったのが、明治六年に開催予定のオーストリア・ウィーン万国博覧会であった。明治四年にオーストリア国から参加要請をうけた新政府は、同五年二月正院《せいいん》に博覧会事務局を設け、澳国博覧会出品の事務を掌《つかさど》らせた。博覧会事務局と文部省博物局は、この時期共同して、京都・奈良地方の古社寺の宝物調査を行っている。国内外の博覧会への出展、博物館建設の双方が視野にあったことが知られる。

このほか明治新政府内部では、神祇官・民部省・宮内省などから正倉院開封検査の要望があったようである。新政府成立に伴って制度考証が必要となったとき、正倉院のことを思い浮かべたひとが複数いたのであろうが、すぐには許可にならなかった。明治三年、民部省は租税帳の参考のため開封をと急に申し入れてきたが、すでに写本があるとの理由で却下されている。

こうして行われたのが、明治五年（一八七二）の社寺宝物調査いわゆる壬申《じんしん》調査である。このとき正倉院という場所に立っていた人々が、以後の流れに一つの方向を与える。ここでは、キーパーソンとして、蜷川式胤《にながわのりたね》・町田久成《まちだひさなり》両名の名をあげておこう。壬申前後の事情は、蜷川の日記「奈良之筋道」に詳しい。

宮内少丞世古延世《せこのぶよ》が開封の勅使となり、文部大丞町田久成、文部省六等出仕内田正雄、外務大録・文部省八等出仕蜷川式胤、宮内省権中録岸光景《きしこうけい》ら官員に出張の命令が下り、五月一八日に「出張先の心得」が伝えられている。八月一二日、開封が行われた。南倉が寺務の封、北・中倉が勅封を竹の皮で包んだ上に薬師院の封を付したものであった。同二〇日まで連日点検を行っている（二三日閉封）。宝物点検は先例どおり四聖坊で行われた。式胤の感想は、調査が始まったときには「とかく千有余年の古物は不手際の細工で取るに足りないとこれまで思っていたけれど、今日、琵琶を見たら、宝物図で見ていたよりずっと素晴らしくて驚いた。……一同驚き騒ぎ、市場のような喧噪《けんそう》だった」といい、最後は「東大寺宝物検査は今日で終わる。検査に毎朝出かけるところなど、芝居を見に行く心地で、休日もなく、早朝より楽しみに行く。現場でも、楽しんで飽かず、夕方に及んでも遅しとせず、埃をかぶるとも一向に困らない」というものであった。

このときの調査では、『〈壬申検査〉社寺宝物調査図集』と称する調査記録や、写真師横山松三郎が撮影した写真が残っており、拓本・スケッチとその注記は、明治期修理以前の姿を伝える資料として貴重である。この調査でまかれた種が、やがて芽吹くことになる。

明治七年一一月、奈良県参事岡部綱紀《おかべつなのり》が県下般若寺町《はんにゃじちょう》植村久造ら有志の請願をうけて宮内省に伺いを提出した。明治八年に東大寺大仏殿を会場として博覧会を行うため、開封と宝物出展を願い出たもので、町田久成の意見書もあって、八年二月に許可となっている。このときの会期は、三月一日から五月二〇日まで、八〇日の長きに及び、入場者数は実に一七万余人をかぞえる。正倉院宝物をこれだけ多くの人々が目の当たりにする機会は、これ以前には絶無であり、この後、正倉院の存在が、国内外に知られるようになった。この空前の企画が実現したかげに、町田・蜷川の働きかけがあったことが察せられるが、それを受けた奈良の地元にも、社寺を核とした文化を保持してきたという自負があったものだろう。勢いを得た博覧会社は、第一回博覧会後の一〇月に社長以下を選出して組織を整備し、博覧会を連年開催している。正倉院宝物も、以後、明治九年、一一年、一三年と都合四回出されている。また、明治九年一二月二七日、内務省の奏請によって、塵芥《じんかい》中の古裂《こぎれ》を手鑑《てかがみ》に仕立てて博物館・府県に配備し、これによって往古の織物の模様を考証し、同時に天平の品の永世保存を図ることが許可されている。このときは、染織品の切断も行われたらしい。現在の文化財保存の基準に照らせば、この博覧会への出展方法にしても、許容の限度を超えているというべきだろう。殖産興業という現実的な目標が設定された時期でもあり、国内産業の育成に資する有効、不可欠の手段との判断がなされたのであろう。

しかし、ここで一気に出用・公開の側に動いた振り子は、すぐに逆の動きを示す。明治も一〇年代に入ったあたりから、宝物保存の指向が再び優勢となり、いまに至る主流となっている。その動きは、まず正倉院の主管官庁の決定から始まる。以下、その変遷を——骨組みのスケッチにとどまるが——、まとめて述べよう。

二　正倉院の所属——組織・沿革

明治八年（一八七五）三月、宮内省から正倉院宝物の所轄官庁を決めるよう上申があり、三月一〇日、宝物を内務省の所管と決した。三月二九日には、この旨を各府県あてに通知している。ここに現在につながる三倉勅封、国の直接管理体制が確立したのである。続いて三〇日には、博覧会事務局を博物館と改称して内務省に移管、四月二七日には、東大寺その他の寺院の勅封宝物のうち、器物の類の管理を内務省第三局より博物館に移している（器物以外の文書等は、引き続き第三局の所管）。こののち、博物館官制の変遷もあったが、しばらくは内務省の管理がつづく。

明治一四年（一八八一）四月七日に農商務省が設置されると、博物局は挙げて農商務省に移管される（局長町田久成）。正倉院宝物は農商務省の管理に移り、従来どおり図書は内務省、宝庫の開閉は宮内省が分掌するという体制となった。同一五年、八月に蜷川式胤が没し（これより先明治一〇年に病気のため辞官）、一〇月には町田久成が博物局長退官。明治の第一走者が表舞台から去る。同一六年七月には、毎年一回定期曝涼の制を立て、一〇月四日、この制による開封（二〇日閉封）が行われている。しかし、万事三省の協議によらなければ処理できないことは、保存取締り上、何かと不便が多かったらしく、明治一七年五月六日、正倉院全体を宮内省の専管とすることに決まった。同一八年七月一〇日、宝庫は宮内省図書寮《ずしょりょう》の主管となり、同一二月には正倉院宝庫掛が置かれている。

明治一八年一二月の内閣制度創設を経て、同一九年三月二四日には、博物館も宮内省の所管となり、同二一年一月には、宮内省図書寮の所管となったが、同二二年五月一六日には、図書寮付属博物館を廃して帝国博物館と改め、また、帝国京都博物館、帝国奈良博物館を設置した。これに伴い、同年七月二七日には、正倉院を帝国奈良博物館の一部とし、帝国博物館総長の管理としたが、翌二三年六月六日に、帝室宝器主管を新設し（宮中顧問官税所篤《さいしょあつし》）、正倉院宝物を管理させている。

明治二五年（一八九二）六月一〇日、宮内省内事課長股《また》野《の》琢《たく》の建議にもとづき、宝物整理ならびに明治宝庫の創設を裁可。これにより八月、皇太后宮大夫《こうたいごうぐうだいぶ》杉孫七郎《すぎまごしちろう》を御物整理掛長に任じ、税所篤・黒川真頼《くろかわまより》・稲生真履《いのうまふみ》・股野琢らを掛として宝物整理・模造を始める。同三三年七月一日、帝室博物館官制を制定し、帝国博物館・帝国京都博物館・帝国奈良博物館は、東京帝室博物館・京都帝室博物館・奈良帝室博物館と改称した。この時点で、東京帝室博物館総長は股野琢（宝器主管兼任のまま）、次長格の主事は久保田鼎《くぼたてい》であった。同三七年一二月二七日、御物整理掛を廃止、東京帝室博物館総長股野琢・同館溝口禎次郎《みぞぐちていじろう》らに御物整理掛残務取扱を命じている。廃止は、日露戦争開戦による時局多端のためという。

明治四〇年一〇月三一日には、帝室博物館官制（皇室令）を定め、帝室博物館総長に正倉院の事務を統理させることになった（翌年一月一日施行）。これに伴い、奈良帝室博物館長（京都帝室博物館長兼務）に久保田鼎が着任した。明治四一年五月一日には東京帝室博物館に正倉院宝庫掛が置かれ、久保田鼎・溝口禎次郎が兼務を命ぜられている。大正三年（一九一四）九月一六日には、奈良帝室博物館に正倉院掛を置き、従来東京で行っていた事務を移した。以後しばらくは、この体制が続く。この間、久保田館長の在任は、昭和六年（一九三一）一〇月まで、約二四年の長きにわたった。久保田館長の後を継いで館長心得に任じられたのが和田軍一で、同一〇年三月までの在任となる。

昭和一二年七月七日、盧溝橋《ろこうきょう》事件により日中戦争の戦端が開かれた。正倉院宝物については、昭和一六年以降に国際情勢の緊迫化に鑑《かんが》み、空襲からの保全処置として、搬出移納・既存建物の改装補強を含むいくつかの案が検討されている。同一八年一一月閉封時からは、宮内大臣の仮封を付して、緊急時に備える体制となった。組織上の改変としては、同二〇年三月五日の正倉院管理署官制施行がある。従来、総長の掌理することになっていた正倉院に関する事務を削除し、帝室博物館に正倉院管理署を置いて、管理責任の所在を明確化したものである。署長には奈良帝室博物館長を任命、監理官一名は帝室博物館鑑査官を兼ね、もう一名は宝庫および御物の警護にあたり、鑑査官補以下、職員全員を管理署員とし、博物館の職務を兼務させるというものであった。この管理署官制と帝室博物館官制は、昭和二二年五月二日、皇室令および付属法令の廃止に伴って廃された。

翌五月三日、日本国憲法が施行されると、博物館は文部省に移管されて国立博物館となり、正倉院は、宮内府図書寮正倉院事務所となった。同時に、正倉院宝庫・宝物も国有財産となった。二三年五月、編修課長和田軍一が、初代正倉院事務所長に任じられている。さらに同二四年六月には、宮内府を改めて宮内庁とし、正倉院事務所は新設の書陵部の管轄となったが、現地の業務には大きな変化はない。さらに同三一年六月には宮内庁の付属機関に、同五九年七月には施設等機関となり、現在に至っている。

ここで、現在の正倉院事務所について、簡単に紹介してみたい。

正倉院事務所は、正倉院宝庫・宝物の保存管理を唯一の設置目的とする機関である。組織は、宝物の管理・調査研究を中心とする固有業務部門（保存課）とそれを支えるマネージメント部門（庶務課）の二課からなる。保存課には、整理室・調査室・保存科学室の三室が置かれ、染織、工芸、歴史、保存科学の専門分野の研究職員と修補等の専門技官が所属する。

つぎに仕事の一端を、歳時記風に眺めてみよう（一月という時期は、固定的なものではない）。四月、正倉院事務所の新年度が始まる。五月、東宝庫の総点検。その年の正倉院展の品目検討もこの時期に大詰めを迎える。六月、月末に、正倉院の保存・管理等について専門家の意見を聞く正倉院懇談会が開かれる。七月、秋の御開封とその期間中の諸事業について上申、決裁ののち報道発表が行われる。八月、正倉院展出陳品の手直し修理、写真撮影はこの頃までに済ませておく。九月になると、何かにつけ、御開封前に、が合い言葉となる。経常の仕事にひと区切りつけ、開封の準備を行うため、何かと気ぜわしい。そして、月末が近づき、ある朝突然、構内の金木犀《きんもくせい》がつよい香りを放つ日が来る。これが、開封間近のサインとなる。

一〇月、御開封の儀に始まり、一一月末の御閉封まで約二ヵ月。これこそ明治一六年以来の定期曝涼の制度を受け継いだ秋季定例開封である。この間、勅封倉である西宝庫に納めた宝物全点の点検・防虫剤入れ替え、容器の見直し、清掃を中心に、刀剣手入れ、写真撮影、温湿度管理のための機器点検など、宝物管理の基礎となる各種の作業が実施される。また、正倉院展への出陳を筆頭に、戦後開始された正倉院宝物特別調査、模造製作のための事前調査、東京大学史料編纂所の古文書調査、東大寺図書館の聖語蔵経巻調査、国立歴史民俗博物館による複製品製作のための撮影など、この時期にしか行えない諸作業がこの期間内に、おおむね週単位で配される。毎年、保存課長は実施のための日程細目・班編制・人員配置ほかの計画作成に苦労する。

宝庫内の作業時間は、午前一〇時から一二時、昼食を挟んで午後一時から三時、実働四時間を標準としている。二ヵ月にわたる長丁場のなかで、宝物を安全に扱うのに必要な集中力を毎日限界まで使うことは、安全確保の観点から得策ではないし、その前後の時間は予習復習と経常業務のため必要なのである。開封後しばらく体が慣れてくるまでは、倉から出てきた一同、誰もが疲れた顔になる。これはベテラン・新人を問わない。三人前後のチームを作り、入庫して、マットを敷いた床の上で（なるべく床から離れない位置での点検が原則で、必要であれば床の上に腹ばいになることもある）宝物を取り出して異状がないか確認し、同時に点検記録に日付とその年の所見・処置を記録していく。個人的な関心でつまみ食い的に行うことも、あるいは固定した持ち場を定めることもなく、取りかかった倉については、班から次の班に切れ目なく仕事が受け継がれ、順次点検が進む。宝庫の入り口近くに庫内の白地図が掲げられ、点検を終えた場所が赤鉛筆で塗られていくので、全体の進行状況と次の目標地点は、全員が日々知ることができるのである。班の編制も、ベテラン・中堅・新人を組み合わせる。個人レベルでは、数回の開封を経ることによって、宝物にふれる機会が増えるのは当然として、その間に経験を積んだ先任者のハンドリング

（取り扱い）や観察時の目の付け所を見習い、その指導のもとで実際に手を触れ、習熟度をあげていく。人員の入れ替わりの頻度が他の機関に比べて小であるため、大局的には、同じ目による点検・観察が長期間継続される。このため、何か異常の発生する兆しがあったとしても、早期発見が可能である（正常な状態を知っていなければ、何が異常かはわからない）。このチームは、高度医療の専門チームではないが、高齢の宝物にとってのホームドクターであり、看護師なのである。

開封期間の終わり近く、事業に区切りがついた宝物を西宝庫に返し、新規に調査・修理・模造等に取りかかる対象宝物と入れ替える出蔵・還納の作業が行われる。古代以来の伝統をひく重要な作業を、事務所長の責任においてここで行うのであるから、職員全員が、関係書類と現物の照合を入念に行い、二度三度と見方を変えてチェックを重ねたうえで、出し入れが行われる。

それが済むと、最後の一斉清掃が行われる。保存課は総出で、庫内のアルコール拭《ふ》き、掃除機かけ、前室の拭き掃除を行う。棚によじ登り、床を這《は》う姿は、いまどきの格好良さとは無縁のものだが、当人はどこか嬉《うれ》しそうである。これまた、役職・経験と無関係に全員があたるので、私もひそかに参加をねらっている（せめて一太刀、という気持ちである）。そして、庫内がさっぱりとした姿になり、勅使を迎えての習礼（予行演習）、翌日は御閉封の儀式である。ここで直接に各倉の開閉を担当する所役の者は、時期が近づくにつれ緊張の面持ちが隠せない。御閉封の場合は、口伝による複雑な縄結びを行い、封を錠に結びつけることになっている。練習用の模型で事前に練習を行うことにしてはいるが、とくに初めての回は、大げさにいえば、不安の絶頂である。こうして、無事に御閉封の儀式を終え、正倉院は、一二月にもう一つの新年度を迎える。開封中の業務の事後処理、保留となっていた経常業務の処理と、向こう一年の計画立案が待っている。この前後に耳にする、年賀状発売開始のニュースは、どことなく気が重い。

年が変わり、一月からは、どの月に何、ということなく、年度末に向かって作業が進む。『正倉院紀要』の編集作業が本格化し、出張もこの時期以降に集中することが多い。三月には、帰りが遅くなると、二月堂の修二会（お水取り）に向かう参拝客のざわめき、行法の合図の鐘の音などを聞くこともある。この頃になると、模造作成、伎楽面修理といった年度単位の事業も追い込みに入る。

このほか、年度を通じて、宝庫・庁舎内外の環境調査、各専門部門による宝物調査、修補部門の古裂整理、文書・経巻出版関係事業は、随時あるいは継続的に行われる。さらに、右記諸業務を支え、機関としての事務所を動かす庶務課では、写真掲載や取材対応ほかの渉外業務、予算に関わる会計業務のほか、たえず不定形の業務の発生にともなって処理が行われることは、他の機関と変わりはないだろう。

三　施　設——土地建物

施設——土地建物については、従来、まとめて述べられることは多くなかった。東大寺図書館所蔵の天保の開封図は、行事との関連から、宝庫・四聖坊について詳細に描き、このほか周辺の金珠院・尊光院・正観院・知足院の門と土塀の記入がある。明治維新の前後で、この状況はそれほど変化していないようである。明治五年（一八七二）の宝庫の姿は、横山松三郎撮影の写真で比較的よく知られ、荒れ果てた空閑地にただ一棟建つ宝庫の姿は、強い印象を与えるが、足下の東柱越しに、四聖坊・金珠院の塀が見え、写真に写らないところでは周りを囲まれていた。つまり、明治五年に維新後初の開封が行われた時点では、正倉院固有の敷地は、宝庫周辺の狭い範囲に限られていたのである。なお、宝庫の正面を斜めに横切ってこちらに折れる道が写っており、これも路傍に孤立するイメージを際だてているが、この道は、知足院門をくぐって小さな尾根

明治５年の正倉　中倉前から下ろした登り段の上下に，袈裟を着用した東大寺僧の姿が見える．現在は，塀に遮られて同じ位置からの撮影は不可能

院御開封之圖
御倉
一南北桁行十七間
一東西梁行五間五寸
一礎ヨリ敷板迄高サ九尺

天保四年正倉院御開封之図（東大寺図書館蔵）　私たちの日々の仕事の場が，今とさほど変わりない姿で175年前の絵図に描かれているのは，よく考えると「感動もの」である．大画面とはいえ、そこに600人が描き込まれているのもすごい（松嶋順正氏が算えた数字）．拡大してみると，同じような顔が並ぶのはご愛嬌であろう

筋を通り知足院に達する、いわば行き止まりの道であった。現宝庫の南西隅が、宝庫の背面（西側）を通って北方の川上《かわかみ》村方面へ抜ける道と、西方転害門《てがいもん》（横山松三郎の写真に景清門《かげきよもん》として見える）から鼓阪《つづみさか》を進んだ道との交差点であり、むしろこの二つの道が里道として重要であった。

明治八年（一八七五）頃、正倉院の総地坪は二三五六坪二合（七反八畝一六歩二合）といわれ、これを囲う柵の総延長は一一六間三尺と試算されている。同一〇年、隣接する民有地・東大寺空地（計一反八畝二〇歩）を買い上げて宝庫の属地とし、敷地全体を木柵で囲っている。同一三年五月、正倉院の敷地は、官有地第二種（明治一八年に皇宮地付属地）、坪数二五三一坪となっている。

明治一九年には、宮内省御料局によって東大寺金珠院跡地（官有地第四種寺院地）七二六坪三合、同塔頭四聖坊跡地（同上）一七〇九坪一合、字《あざ》四聖坊裏畑地（民有地）一四八坪、計二五八三坪四合を皇宮地付属地に編入、火除地とし、さらに外門・塀牆《へいしょう》を修築している。右の二五三一坪と二五八三坪四合とを合わせた正倉院宝庫（旧名添上《そえかみ》第一御料地）計五一一四坪四合は、明治二三年一一月、世伝御料と定められ、明治四一年には、宝器主管から帝室博物館へ土地建物が引き継がれた。現在、宝庫を中心として、築地塀を廻らした内側がほぼ世伝御料の範囲に相当する。

明治四二年（一九〇九）以降、帝室林野管理局を介して、買上民有地・官有地の博物館移管が進み、これらは世伝御料を囲む正倉院の普通御料に順次繰り入れられていった（明治四二年〜大正一一年）。普通御料地は、こののち昭和一三年（一九三八）まで、かなりの期間をかけて合筆更正され、正倉院宝庫接続第一（字銀杏橋《いちょうばし》）、同第二（油阪町《あぶらさかちょう》字大仏上池）、第三（芝辻町《しばつじちょう》字大仏池田）の三筆にまとめられ、計二万一二二〇坪六合六夕となっている。個別に集積された土地の面積は誤差も多かったことと、道路の付け替えや池の修築など、土木工事によって周囲の景観にもかなり変化があったことが原因であろう。現在の正倉院周囲の景観が成立するのも、大正末年のことであるが、松の枯死などにより、緑の濃さはかなり減じている。また、世伝御料地（地番雑司町《ぞうしちょう》一五一―一）の面積も、実測にもとづく大正九年（一九二〇）の更正によって、五一六一坪とされている。さらに、昭和一一年には、事務所の東方若草山麓に防火用貯水池を設置するため、用地八八九坪三合一夕の買上を行っている。上記の総計二万七二七〇坪九合七夕が、戦後まで引き継がれている。

次に建物であるが、宝庫は別格であるので、その修理についてのみ述べる。明治七年（一八七四）、宝庫の修繕費支出のことがみえるが、これは明治五年の検査時以後の小規模な修理であろうか。同八年、宝庫が内務省の管理に移り、同一〇年には周囲の塀牆（土手と木柵、門二箇所）の整備、避雷針・消防器具などの導入が行われている。宝庫の軒先を支える材木が最初に入れられたのはこのときであったと思われる。明治一五年八月、この支柱はこれまでの単柱式のものから複柱式のものに取り替えられ、周囲の木柵も土塀に改められている。囲いが堅固になるとともに、門も一箇所になり、門番の詰所も付設された。この門越しに宝庫を南西方向から見上げる写真が残っているが（東京都立中央図書館所蔵木子《きこ》文庫）、この改修が完了以後に撮影されたものであろう。

一方、奈良博覧会への出品時にたびたび宝物を庫外に搬出し、取扱いの上でも問題が生じた点の反省から、庫内の設備についても、この時期に検討されている。明治一二年（一八七九）一二月には、庫内に棚架を造り、ガラス戸で掩《おお》って、安置した状態のまま展覧できるようにしたいという伊藤博文の稟請《りんせい》があり、これが翌年一月に許可されて設置工事が開始された。木工事は順調に進んだが、ガラスは海外からの輸入のため遅れ、一三年度に入って、五月にガラス・敷裂《しきぎれ》・覆いを残した状態でいったん一応完成としている。同一四年四月中旬に完成、棚に御物の仮陳列を行っているから、これまでにガラスも入ったのであろう。完成後、北・中・南各倉に一八、三倉計五四の陳列戸棚に宝物が並べられ、「正倉院御物陳列図」が作成された。このガラス戸棚は、明治三三年に拡張工事が行われ、いまも庫内にそのまま残る。厚さ数ミリの頑丈な板ガラスは、透明度が高く、顕著な波打ちも気泡もなく、さすが最先端の工業製品と感じ入るが、これをはめ込んだ引き戸の重いこと。三倉上下、計六室の棚の総重量はいかほどかと思われる。

明治一九年（一八八六）、三月から五月にかけて宝庫修造。同時に行われた外門・塀牆の修築は、新たに敷地に入った旧四聖坊・旧金珠院を囲む必要があったはずであるから、天保開封図に四聖坊正門として見える門が東に移築されたのは（現正倉院正門）、このときであったと推測される。

こののち、明治二〇〜四〇年代に、断続的に宝庫修繕・屋根修理の記事がみえる。また、この間の明治二九年には、聖語蔵経巻を納めていた経庫の聖語蔵が、経巻の献納にやや遅れて、旧尊勝院跡（現鼓阪《つさか》小学校地内）から構内現位置に移築された。そして、大正二年（一九一三）に至って、宝庫は創建以来初の全面解体修理を受けることになる。まず三月から五月に宝物の主たる待避先として仮庫が建設され、つづいて仮庫・聖語蔵・持仏堂・土蔵（乾蔵）に宝物が移納され、工事は始まった。担当したのは宮内省内匠寮《たくみりょう》で、期間中、宝庫は博物館から同寮に引き渡され、一二月、竣工とともに博物館に戻された。この間、のちに昭和事務所（後述）が建設されることになる周辺一帯に、現場事務所・作業小屋・材料納屋が置かれた。

聖語蔵　多くの学僧を輩出した旧尊勝院の経蔵．中に入ると，入り口の両脇から始まって左右・奥まですべての壁面が，軒の高さまで作り付けの棚で埋め尽くされている

現在、この大正修理からほぼ一〇〇年を経て、瓦の葺き替えを中心とする修復が計画されている。正倉に関する話題については、別の機会に譲りたい。

次に、昭和戦後期に建設された宝庫について述べよう。早く大正六年（一九一七）頃から正倉院宝庫新築について調査委員を設置したことがみえるが、この動きが本格化するのは、戦後、昭和二五年（一九五〇）に日本学術会議の勧告を受けてのことであった。すなわち「正倉院構内に不燃性の建築物を新設して常時の調査研究並びに保存修理の場所にあてるとともに、定期の収蔵品展覧場として収蔵品を広く公開する途を開くこと」という一条に対し、正倉院事務所長は、そのために必要な、仮庫に代わる不燃性倉庫・保存修理室・陳列館の三つの建築的施設をあげ、それぞれについての詳細な意見を具申している。この第一が、東宝庫(当時は新宝庫)である。昭和二六年九月起工、同二八年三月竣工。鉄筋コンクリート造。入り口部に前室をもち、内部は木造二階建で間仕切りによって南北二室に分かれている。この倉は当初自然換気による収蔵庫として建設され、竣工後に「枯らし」期間をおき、ガス燻蒸《くんじよう》ののち、昭和三一年に仮庫の宝物を移納した。同三四〜三五年には戸棚取り付けのため、納物を仮庫へいったん戻し、逆に、西宝庫建築の間は、工事中の火気・塵埃・有害ガスを避けるため、宝庫・聖語蔵の納在品を東宝庫に受け入れている。また、同三八年、東宝庫に空調設備工事が入った際には、宝物・経巻が西宝庫へ仮納された。現在、東宝庫は正倉院事務所長の封で管理している(聖語蔵経巻を納めた南室の一部は宮内庁長官封)。

ついで、東宝庫の実績を踏まえ、宝庫(正倉)に代わるべき収蔵庫として、空調設備を備えた西宝庫(当初は第二新宝庫)が建設された。昭和三五年(一九六〇)起工、同三七年三月竣工である。完成直後の四月一日、正倉院構内に鼎立することになった三棟の倉の呼称を、正倉・東宝庫・西宝庫と定めている。西宝庫の場合でも、完成後から庫内の気象状況、有害ガスや塵埃の除去の成績、空調機の調整を行いながら経過観察を行い、昭和三八年四月から五月にかけて、宝物が東宝庫から西宝庫へ移された。西宝庫の宝物配置は、原則として校倉造宝庫時代の場所に準じている。本来西宝庫は、正倉と同じく東面、南北に長く、内部も三倉上下階に分かれた収納空間を意識した造りである。しかし、工法の制約があり、個別独立した三倉と共通の前室（幅広い廊下状の空間となる）がワンフロアを形成し、これが一階二階と積み上げられた形の間取りとなった。この結果、北・中・南の三倉は、上下の連絡を失って独立した二室となり、六つの金庫扉が三倉の扉に取って代わったのである。西宝庫は、昭和四二年一一月、閉封を期として、本来の伝統にもとづく勅封に復した。

（上）明治の事務所（旧四聖坊対屋，大正２年頃）　右手奥に仮庫がわずかに見える．鷗外は玄関脇の一室で行なわれていた古文書・経巻の調査をときどき覗きに行ったという

（下）御物修理所での作業（大正４年頃）　塵芥の整理，水伸ばし，幡の展開，経巻の繕い，背後には仮張りにかけて乾燥中の古裂帳のページと，隣に完成した屏風装．新たに奈良で開始された正倉院掛のしごとをワンショットで説明するために撮影された写真

昭和の事務所（昭和６年竣工当時）　明治以来，内外の貴賓の来訪があり，そのための休所も兼ねたため，しっかりした造りの建物だった．写真の範囲は宮内省敷地だが，今でも写真の位置までは，鹿・人ともに公園地の続きでフリーパスである

次に、宝庫以外の建物についてみたい。

天保開封図によれば、四聖坊の主な建物は、本堂・客殿・対屋《たいのや》・正門であったが、本堂は持仏堂として同じ位置に現存、客殿は明治五年（一八七二）の写真には写るがその後解体、正門は移築された。残る対屋は、その後ながく正倉院開封（曝涼）中の臨時事務所にあてられた。帝室博物館総長として奈良に出張中の森鷗外が、正倉院曝涼事務のため詰めたのも、この事務所である。この建物は、昭和六年（一九三一）一二月に、鉄筋コンクリート造の新事務所（拝観人休所・事務室等からなる。昭和事務所と呼んでおく）が完成するとともに役割を終え、同七年解体移築されたようである。

大正三年（一九一四）九月に、奈良帝室博物館に正倉院掛が移ると、博物館構内に御物修理所が建設され、大正四年六月に竣工した。博物館の監督の下で、正倉院における経常業務である古裂・経巻の整理・修理を行う専門の施設を設けたものである。博物館旧事務所と渡り廊下で結ばれたこの建物は、昭和三三年に同じ敷地内に移築して、茶室八窓庵《はっそうあん》の控室（含翠亭《がんすいてい》）となった。現在も奈良国立博物館内に残っている。

昭和事務所は、戦時中の一時期には、焼夷弾《しょういだん》の直撃に耐えられるよう改装補強し、中二階を設けて、宝物の収納にも使用された。戦後は、新生正倉院事務所の拠点が奈良博物館からここに移り、玄関ホール脇の一室で古裂・経巻修理などの作業が進められた。岩波写真文庫『正倉院』で紹介されたのは、この時期の姿である。昭和二九年に保存修理室（保存課棟）を別棟として建設、昭和四〇年代の改装・増築（所長室・会議室）を経て、平成一八年まで存続した。また、平成七年には、保存科学棟が新築された。

現在の庁舎は、旧来の建物が老朽・狭隘《きょうあい》化したため建替となったもので、平成一六年から一八年までの三ヵ年をかけて建設された。

四　目録作成と三倉宝物の所属確定

普段、明治といまが直結していると感じるのは、業務の必要があって、宝物名を書き、それに北倉・中倉・南倉の宝物番号を加えるときである。この番号・名称の典拠となったのが、明治に成立した『正倉院御物目録』である（この名称だけで通常は通じるが、以下の記述では、別の『御物目録』にも言及するため、必要に応じて「宝器主管目録」と付加することがある）。この目録で、正倉院宝物の範囲が確定し、現在でも宝物管理の典拠として使われている。もう少し詳しくいうと、『目録』が、子孫であるすべての宝物名を挙げ尽くしている訳ではないが、すべての宝物は、『目録』のなかにその祖先を求めることができるのである。

まず、『目録』前史から述べよう。

江戸時代までのすべての目録、明治の壬申検査目録を時間軸に沿って並べることができるが、その中身、構成要素には毎回多少の出入がある。何があるか（一〇〇％は）わからない状態での検査であるから、致し方ない。これに対して、明治目録は、対象となる範囲を固定し、その構成要素を悉皆《しっかい》挙げていく方法に立つ。古代の曝涼点検と同じく、「ある筈《はず》のもの」をリスト化して、現物と対比する方法が徹底しているのである。この種の作業は、現物照合とリスト校正とを繰り返した上で初めて可能になるもので、非常に手間のかかるものである。

この作業を初めて試みたのは、農商務省博物局で御用掛を命ぜられた黒川真頼ではなかったかと思う。同局の処務規程では、史伝課が「奈良正倉院ノ御物ヲ保護スル事」を分掌することになっていた。明治一五年（一八八二）九月、真頼は奈良出張にあたり、御物陳列、御物番号付札、御物目録整頓、修補済御物還納、法隆寺献納物持ち帰り、の五項目の実施を伺い出ている。この出張は七十余日にわたり、宝物の詳細なデータが調査されている。このとき作成された『御物目録』（博物局目録。これも私に付した名称である）と、内務省で作成された古文書関係の目録とが、宮内省専管に移行した明治一七年以降に統合されて『正倉院御物目録』一～一七（全一二冊に合冊。宮内省目録）となったのであろう（明治一八年三月下旬一校了とある）。

これに続く段階として、宝物に関する考証、目録の整備が進んだのは、明治二五年に設置、同三七年末まで活動した御物整理掛である。同掛には帝国博物館学芸委員黒川真頼、図書属稲生真履らも参加している。この事業を建議した股野琢の上申によると、宝物の整理方針として、塵埃と称する各種残欠の保存、宝物の復元修理、宝物名の改訂の三項が提示されている。最後の名称改訂については、従来の名称を、献物帳以下の典拠の調査にもとづき、考証を付して改訂することが必要とされている。こうして御物整理掛のもとで実質的に成立し、同掛廃止の四年後、明治四一年一〇月に宝器主管から帝室博物館に引き継がれたのが、いまだ現役の『正倉院御物目録』北倉・中倉・南倉である（宝器主管目録。大正一三年一〇月、奈良帝室博物館正倉院掛により付印）。聖語蔵経巻については、博物館移管後、明治四二～四三年に整理が行われ、『正倉院聖語蔵経巻目録』が作成された（昭和五年付印）。

古代以来の北倉・中倉・南倉の納物は、各倉間で移動した結果、しだいに混交してしまった。これは歴史的事実である。この認識に立って、三倉の「本来の姿」を仮想的・理念的に復元し、すべての宝物を三倉のいずれかに所属させたのが、『正倉院御物目録』（宝器主管目録）の、いままでにない特徴である。北倉・中倉・南倉は、単なる収納空間の名称だけでなく、宝物の本籍を示す標識となった。宝物は、『御物目録』の所属・番号・名称・数量と固定的に結びつけられたのである。これこそ、近代におけるもう一つの「正倉院宝物の成立」に他ならない。

この結果、三倉に配された宝物は、それぞれ意味の連鎖をなして並ぶこととなった。

【北倉】考証の結果、五巻の献物帳所載の品もしくはその他の献納宝物と認定された宝物を北倉に納める。その範囲は、おおむね曝涼帳で点検対象となっている宝物（代納品も含む）である。薬物の関連品として丹や種々薬帳に見えない薬物も所属する。献物帳、曝涼帳以下の出納関係文書、収納容器として薬物の容器・袋・裹《つつみ》類、辛櫃、二基の棚厨子、新羅琴櫃・細長櫃なども北倉の所属となっている。最後に、天保七年（一八三六）に破損屏風を修理し、古裂《こぎれ》を貼った東大寺屏風をおくが、これも東大寺からの献納品という意味である。

具体的には、聖武天皇所用の御袈裟を筆頭に、赤漆文欟木《せきしつぶんかんぼく》厨子とその納物、宸筆《しんぴつ》雑集、光明皇后御書杜家立成《とかりっせい》・楽毅論《がっきろん》の書蹟類、御帯やその佩飾具である刀子、笏、尺、双六子と碁子、百索縷軸《ひゃくさくるのじく》、白石鎮子、尺八・琴・琵琶・笙・竽などの楽器、碁局と双六局、武器武具類、鏡、屏風と袋、大枕や御《おん》軾《しょく》、御床（ここまで北倉1〜49は国家珍宝帳所載）、薬物やその袋ならびに容器、丹とその袋（北倉50〜149は種々薬帳所載薬物とそれ以外の薬物関連品）、花氈・色氈、繡線鞋《ぬいのせんがい》、銀薫炉《ぎんくんろ》、銀平脱合子《ぎんへいだつのごうす》、青斑《せいはん》鎮石（北倉150〜155は屏風花氈等帳所載）、人勝《じんしょう》残欠雑張、礼服御冠残欠などがあり（北倉156・157）、さらに献物帳をはじめ、宝物の曝涼・点検帳や宝物出入帳などの文書類（北倉158〜173）、棚厨子、几、櫃、東大寺屏風（北倉174～183）という構成である。

【中倉】中倉納物の構成は、武器武具、文書典籍、文具、調度品、装身具、遊戯具、水精玉・ガラス類などである。北倉には、献物帳所載品もしくは周辺の関連品を納め、その他の宝物はおおよそ同類集中方式をもって中倉と南倉に分納したといわれるが、南倉に仏事・法会に縁の深い什宝類を納めた結果、中倉納物の内容は残余の品々をあつめてかなり多岐にわたることになった。造東大寺司写経所由来の正倉院文書、工芸材料、大量の未整理宝物を納めた櫃、屏風骨、残材類などがここに納められているのは、創建当初の「中の間」という位置づけも影響しているかもしれない。先の用途別の構成以外に、大仏開眼会等の法会の際、各方面から寄せられた献納品や仏前で用いられた献物箱・献物几など、その由緒からここに納められた品もあり、中倉宝物のもう一つのモチーフとなっている。

武器武具には、弓、鞆《とも》、胡禄《ころく》、箭《や》、大刀、鉾《ほこ》、馬具などがある（中倉1～13）。文書典籍は、東大寺献納図書（東大寺山堺四至図・東大寺開田図・東南院文書など）、正倉院文書、雑札、往来（中倉14～22）、葛箱・柳箱残欠、櫃、別の宝物の容器に使用された箱類（中身とは別に、独立の宝物として登録。中倉23～31。ここまで中倉階上）、詩序、梵網経《ぼんもうきょう》と容器（中倉32～34）、文具は筆・墨とその容器、紙類、硯、鼈合子《べつごうす》、尺、軸、帙、牙牌《げはい》、献物牌（中倉35～66）がある。ついで調度品と装身具とが綯《な》い交ぜになったブロックに至るが（中倉67～168、176、177）、このあたりの品は、貴顕の献納品とその関連品が含まれる。調度品としては、銅薫炉、ガラス製の碗・瓶・坏のほか、櫃・箱・厨子、火舎《かしゃ》、献物几があり、装身具としては、笏、帯や佩用具（刀子・魚形《うおがた》・小尺など）がある。この間に、黄熟香（蘭奢待。中倉135）、漆胡樽《しっこそん》（中倉166）などが織り込まれているのは、これを仏前での香供養や珍奇物献納と理解したためであろうか。次に遊戯具として弾弓《だんきゅう》、投壺《とうこ》、双六、碁局（中倉169〜175）がある。

次には水精玉・曲玉・ガラス玉があり、荘玉剝落《そうぎょくはくらく》・未用荘玉・破玉・瑠璃玉原料・金剛砂（研磨剤）など、さまざまの様態のガラス関係品が来る（中倉176〜194）。最後に鈴鐸《れいたく》類、天蓋骨、几、櫃・箱、屏風骨、漆六角厨子の残材、幄柱《あくちゅう》、破玉など比較的大型・大量の雑物で終わる（中倉195〜207）。このうち、中倉202櫃五四合は、大量の未整理宝物を、納櫃単位で一括登録したもので、中倉の202番以降の宝物は三階に納置された。

【南倉】南倉には、綱封蔵以来の伝統を重んじて仏事・法会に縁の深い什宝類が集められた。これについては、永久五年（一一一七）の目録も典拠となったと想定される。

納物の構成は、伎楽面、布作面《ふさくめん》、緋絁鳥兜《ひあしぎぬのとりかぶと》・布虎兜《ぬののとらかぶと》と伎楽面袋（南倉1〜6）、陶磁・漆・金属製の容器（器種は瓶・皿・鉢・壺・盤・提子《ていし》・合子・水瓶等にわたる）、漆金薄絵盤、盆、花籠《けこ》、金属製（佐波理《さはり》ほか）の匙《さじ》・皿・加盤・包丁・貝匙（以上、香・華・食等の供養具。南倉7〜49）、麈尾《しゅび》・如意・柄香炉・三鈷・誦数《じゅず》・錫杖など僧が使用する法具とその容器（南倉50〜64）、杖、衲御礼履《のうのごらいり》、胡床、八角床、屏風、鏡とその箱など、儀式とその関連による調度、櫃（ここまで南倉階上。南倉65〜74。残材となっていた箜篌《くご》は、他の楽器と離れてこの間に配置）と並ぶ。続いて子日目《ねのひのめ》利箒《とぎのほうき》・手辛鋤《てからすき》、縷《る》以下、年中行事などの儀式関係品（南倉75〜85）、工匠具・古銭（南倉86〜94）、袈裟・衣・裳の法衣（南倉95〜97）、楽器と進み、楽装束に入る。その内訳は、大歌《おおうた》・唐古楽《とうこがく》・唐中楽・唐散楽・狛楽《こまがく》・度羅楽《どらがく》・呉楽《くれがく》・林邑楽《りんゆうがく》その他雑楽であり、配列には奈良時代の開眼供養会の次第が参考にされたことがうかがわれる（南倉118〜128）。また、銘記の有無によって、つづく衣服・装身具類（袍《ほう》・浄衣《じようえ》・襖子《おうす》・半臂《はんぴ》・袴《はかま》・接腰《せつよう》、帯、襪《しとうず》、履《くつ》。南倉129〜143）に振り分けられた楽装束も少なくない。この後は、同じ染織製品として袋・覆《おおい》・幔《まく》・帯緒類・錦綾絹絁布類及雑裂・褥《じよく》類が並ぶ（南倉144〜152）。帯緒類・錦綾絹絁布類及雑裂（南倉147・148）は、登録時には、未整理部分を含む染織品の集合であった。続いて、仏像型、金銅幡、雑玉幡、仏龕扉《ぶつがんのとびら》・幢幡鉸具《どうばんこうぐ》・銅鉄雑鉸具・鏁子《さす》など、荘厳具と関連の各種金具・部品類（南倉153〜167）がある。以下、櫃、几、塵芥（見本として大小一二本の瓶詰めとなったもの）、楽器残欠、器物雑材雑塵等の雑物が並ぶ（南倉168〜178）。さらに三階には、綾羅錦繡《りようらきんしゆう》雑張と称する裂類、天蓋・幡等の大量の染織品を納めた櫃と、琴瑟《きんしつ》類残材、古瓦が納められた（南倉179〜188）。

なお、古櫃・慶長櫃・元禄櫃の大型容器は宝物として登録され、三倉の階上・階下・三階の計九箇所に分割配当され、北倉・中倉・南倉の順で三倉通して通番が振られている（北倉178に第1〜9号櫃、北倉183に第10〜55号櫃〔三階に納置〕、中倉24に第62〜70号櫃、中倉199に第56〜61号櫃、中倉202に第71〜124号櫃〔三階に納置〕、南倉74に第174〜196号櫃、南倉174に第197〜206号櫃、南倉186に第125〜173号櫃〔三階に納置〕がそれぞれ所属する）。また元禄・天保開封の際に新調された黄熟香・紅塵香の箱、元禄・天保の宝物容器、明治になって作られた興福寺古材櫃（食堂古材を転用して一〇〇合を作成、うち三二合が現存）は宝物の中には含まれない。

三階（屋根裏）を収蔵場所とするのは、現在では考えられないことだが、この状態は、大正の宝庫修理時に宝物移納先として建てられた仮庫を、完工後も引き続き使用することで基本的には解消されたものと見られる。のちに、この仮庫所在宝物が東宝庫へ、宝庫（本庫）納在宝物が西宝庫へ、と分納されたが、これは北・中・南倉という本籍の異動に波及するものではない。

以上、正倉院宝物の最外周について略述した。中身についてもっと詳しく知りたいと思うひとは、もっとも包括的な図録である、毎日新聞社刊『正倉院宝物』全一〇冊に就くのがよい（正倉院文書と聖語蔵経巻は別途出版が進んでいる）。その構成は、『正倉院御物目録』（宝器主管目録）の北倉・中倉・南倉の区分と順序にしたがっている。

この目録成立後、境界を越えて外から入り、新たに宝物になったものはない。大正七年（一九一八）一〇月、大分県別府町の日名子《ひなこ》太郎から、自身の所蔵にかかる正倉院文書を宝庫に返納したいとの申し出があり、紆余曲折の末、同八年一二月に特例を以てこれを受け入れた際も、決してこの「日名子文書」が宝物と呼ばれることはなかった。さらに「今後はいったん外へ出た品は、どういう由緒のものであれ、再び宝庫に受け入れることはない」ことに決し、本件限りの許可であることが明示されている。

この「日名子文書」は、金銀の切箔《きりはく》・砂子《すなご》散らしの美麗な仕立ての巻子となっているが、それが仇となって、手に取って透かして見ても裏面・料紙の状態がわからず、また、紙面の朱印など疑いがかけられている要素もある。それにつけても、宝庫に伝来した正倉院文書の素っ気ない仕立てが、実は学術的価値をよく保つ方法であることがあらためてわかる。宝物の範囲を明確に限定することが、真正性・純粋性の保持にいかに重要な意味をもつかを示すエピソードである。

宝物の一つひとつが固有の所属をもつということは、より具体的にいえば、北倉・中倉・南倉のなかに、宝物が自分の居場所をもつということになる。普段不思議に思わないが、正倉院で宝物の置き場にやかましいのは、そういう理由があったのだと思い当たる。

たとえば、宝物が、業務の必要上勅封の倉から取り出され、一シーズンの開封期間を越えて勅封の倉を離れる場合、その場所に留守居札が置かれる。戻ってみたら席がない、ということがないように、との理由である。宝庫とふだん使いの収蔵庫の間を宝物が移動する際は（もちろん同じ敷地内である）、毎回所長の事前了解を得て、移動の事実と日付を記録に残し、現居住地での登録の手続きをふむ。毎日の収蔵庫—作業室間の移動でも、いま現在、収蔵庫を離れて別の部屋に出ている品があれば、一目でわかるように標示され、門限を過ぎても帰らない品がないか、全員の目でチェックされる。

こう考えると、展覧会への貸出を含めて、宝物が正倉院から離れることが、いかに平常時とかけ離れているか、ご理解いただけるのではないか。そういう場合に、搬送時の安全確保、行った先での保存管理など万全の対策をもって臨むのは当然ながら、それとは別に、本来あるべき場所から離れることで、(妙な表現だが)元へ戻ろうとする位置エネルギーが高まるような気がする。

宝物の公開・普及の歴史も、この視点から振り返ることができる。すなわち、保存か公開活用かという大命題のもとに、公開となった場合、宝物を外に出して展覧に供するか、宝庫に来てもらうか、二つの両極をもつ小命題があり、現実の諸条件をふまえてその中間でいろいろな方法が模索されたのである。

ここでは、明治初年の奈良博覧会(初回は明治八年)、庫内陳列と拝観規程の成立(同二二年)、御物整理に伴う中断(同二五年)、帝室博物館のもとでの復活(同四三年)、総長森鷗外による学芸関係者枠の拡大(大正九年)、古裂整理事業の成果を披露する正倉院御物古裂特別展(大正一四年。奈良)と御物上代染織特別展覧会(昭和三年。東京)、紀元二千六百年を記念して開催された正倉院御物特別展観(昭和一五年)、戦局緊迫による拝観・曝涼の中断、宝物の疎開関係業務、戦後の正倉院展、東京での正倉院宝物特別展、新宝庫建設に伴う庫内参観の終了(昭和三五年、東宝庫へ宝物仮納に伴い停止。管理形態が大きく変更されたため以後復活されることはなかった)、これに代わる正倉外構の公開など、項目を列挙するにとどめる。

また、出版物・模造品を通じて、宝物の姿や学術的価値をひろく公開することも、長い歴史をもつが、近年では、これにホームページを通じた情報発信が加わっている(三七ページ参照)。

五　宝物の整理と修復

現在、正倉院事務所の業務を紹介するとき、「整理と修理」という表現を使うことがある。明治・大正・昭和・平成と、一筋につながっている仕事の一つである。

このうち修理は比較的わかりやすい言葉だろう。壊れたものを修理する、といえば、誰でも一応は頷《うなず》いてくれる。正倉院では、ながらく宝物を三分類して、「器物・染織・文書経巻」という呼び方をしていた。大雑把だが、正倉院らしい大らかな分類ともいえる。

器物については、これまで一貫して、外部の専門家に委託して修復を行う態勢が取られてきた。明治以前の宝物の姿を伝える資料には、壬申検査（明治五年〈一八七二〉）時の写真・拓本や、明治一三年出版の『国華余芳 正倉院御物』などがあり、いくつかの宝物については明治修理前の姿を知ることができる。

明治一〇年（一八七七）、二月の明治天皇大和行幸（このとき蘭奢待を切っている）を機に、宝物修理が計画された。町田久成の建言により、良工を撰んで修理させるとされ、南都で修繕見込みの分として、御杖刀・黒漆琴・和琴・双六盤・如意・韓鞍《からぐら》など、東京で修繕見込みの分として、笙・横笛・尺八・琵琶・五絃・阮咸・新羅琴・紫檀柄香炉などが対象リストに挙がっている。これらの品は、翌年には修復が完了して、宝庫に還納されている。また琵琶は、還納前の一一年二月に、明治天皇の御前で演奏されている。

明治一七年（一八八四）に、正倉院が宮内省の管理下に移って後、一七・一八の両年にわたって、刀剣が研磨のため東京に運ばれている（刀身を収める白木仮鞘に銘を記すものがある）。かなりの数が、明治一五年段階では錆《さび》のため「着室不抜」という状態であった。

宝物全般にわたる修理が大きく進展したのは、明治二五年に設置された御物整理掛のもとであった。宝物は、東京に移送し、赤坂離宮内に置かれた御物整理掛内で修理をうけた。修理済みの宝物は、秋の曝涼にあわせて奈良に送り、宝庫に還納されたが、それに先立って宮中鳳凰《ほうおう》の間で天覧があるのがこの期間の例となった。この御物整理掛への回送は、明治二五年から、二六、二八、三〇、三二、三三、三五、三六年の計八回行われ、明治三七年末の同掛廃止に至る。整理掛員は開封業務のために奈良に出張し、期間中は、修理済み宝物還納、曝涼、次回修理宝物の目録作成・荷造りなど回送準備を行った。明治三七年の曝涼期間中、正門を背にして撮影された一枚の写真がある。勅使東園基愛《ひがしぞのもとなる》子爵と御物整理掛員（杉孫七郎・股野琢・近藤久敬・稲生真履・溝口禎次郎・本條時乗《ほんじょうときのり》ら）に加えて、古文書拝観のため正倉院に出張中の文科大学史料編纂掛員（現東京大学史料編纂所。三上参次《みかみさんじ》・黒板勝美《くろいたかつみ》・三成重敬ら）が顔をそろえている（『正倉院の研究』。ここには「明治三八年の御物整理掛諸氏」とあるが、その前年、整理掛閉鎖前の記念撮影であろう）。

御物整理掛の修理は、一口で言えば、明治の名工による細心かつ大胆な復元修理である。一流の工芸家が時間をかけて技法研究・試作を行い、技術の水準はきわめて高い。現在、宝物が非常に良好な状態を保っているのも、この明治の成果に負うところが大きい。一方、修理箇所に古色をつけてオリジナル部分との区別を粉飾することはなく、目立たない部分に修理年月を明記した補修銘を入れる、あるいは修理前の状態（各部の存否など）や、修・補・新造という修理の程度を詳細に記した題箋を添えるなど、学術的価値を尊重する態度がうかがわれる。一〇〇年以上前の御物整理掛のしごとであるが、私には身近に思えてならない。

この後、修理のために宝物が正倉院から外部に持ち出されることは原則としてなくなった。器物修理は、戦後、馬鞍・漆工品・皮革品修理などが外部の専門家によって行われたが、そのための修理施設は保存課棟内に設けられた。この態勢で、昭和六〇～六二年には、鳥《とり》毛《げ》立女《りつじょ》屛《びょう》風《ぶ》の修理、平成六年以降は伎楽面修理が行われて現在でも続いている。現在の専門工房による文化財修理は、明治の修理とはまったく違う原則に立つ維持修理であり、修理施設に求められる環境条件も高レベルとなっているのである。

御物整理掛の名称にも含まれている「整理」の語は、正倉院宝物の周辺では、「修理」と違う多面的な意味をもつ。丁寧に説明するのは手間がかかりそうなので、日常の語義から一番遠いところを狙って、ここでは「算《かぞ》えられないものを、算えられる状態に変える」こと、と仮に定義してみたい。未整理品・残材・塵芥が詰まった櫃から、中身を取り出し、これ以上分割できない単位まで分ける。そこで得られた個数「一」を同類どうし集約し、その集積として、いままで一つの容器に入った「量」「不可算 uncountable」であったものを「数」「可算 countable」へ転化させる。明治四一年、帝室博物館移管後に開始された古裂整理は、まさにこの意味での「整理」であり、しばしば小修理と一体になった。また、丸めて櫃内に詰め込まれていたものを展開する、組み立てて復元する、容器を作って収納するという普通の「整理」もある。屏風骨・薬品類・御冠残欠・紙類・刀子など、器物類の整理は、この色合いが強い。大正四年以後、この仕事は奈良の地、新築の御物修理所に場所を移して本格化する。

この整理はまた、必然的に、新たな宝物を生むことになる。生まれた宝物には、それを支える「からだ」と、新たな名前が必要となる。「からだ」に相当するものを、正倉院では「装置」と呼んだ。装置の種類には、屏風装（宝物の屏風骨を下地に利用した古屏風装と、新造屏風装とがある）・軸装・函装・玻璃《はり》装・帖装（古裂帳）がある。古裂片の大きさ・形状に応じて、適当な装置が選択され、通番が振られて名称となった。また、断片化していない品の場合、展開して状態を確認することが、そのまま整理になることもある。いずれの場合も、その品の「親」である櫃（出櫃）の所属「—倉の—番」が自動的に整理後の品にも引き継がれ、名称において正確を期そうと思えば、ダブルネーム式呼称を採用することになる。大幡・揩布《かいふ》屏風袋・屏風画面・屏風心布・紐心麻綱《ちゅうしんまこう》・献物几の褥・経帙などが戦前に整理・修理され、昭和二九年、保存課棟に修理室が新築されて後は、衣服類・天蓋・幡類・応永駕輿丁衣・幔帳幞類・褥・鏡箱の襯《しん》などが整理・修理の対象となった。この整理の過程を逐一記録したのが、「整理済古裂明細帳」であり、現在も作業は継続している。

文書類は、明治八年以後、修史参考用として東京の浅草文庫に運ばれたが、内務省で行われた塵芥文書の成巻作業以外は、修理というほどの修理を受けていない。中倉の正倉院文書は、天保成立の正集、内務省の監督下で成立した続修・続修別集・続修後集のあとを受けて、御物整理掛で続々修の整理が行われた。文書の場合は、整理の中身は、分類・編集・成巻ということになる。

経巻修理は、現在使用されている経箱が、早いものでは明治三七年から作成されていることから、整理掛廃止後の事業として、宝器主管時代から計画があったと推測される。明治四三年四月、聖語蔵経巻の修理保管順序を定め、六月に経巻修理を始めて現在に至る。

六　宝物の調査

正倉院の宝物の調査は、おおむね納物の点検と一体となって行われることが多かった。江戸時代の調査は、学術的な関心を集めた一面もあったが、それが第一の目的になるものではなかった。明治時代に正倉院が政府の直接管理に入ったのちには、管理の必要上、宝物の所属を北倉・中倉・南倉の三倉に配当し、その名称を定めて目録を作成する必要が生じた。黒川真頼の献物帳の考証はその先駆けであり、御物整理掛で行われた文献学的考証や、宝物の修理に際しての観察調査（技法や工具に及ぶ）は見るべき水準にある。しかし、これら明治の調査内容は、宝物名称や修理箇所のなかに埋め込まれ、われわれは『正倉院御物目録』の記載や宝物そのものからその一斑をうかがうしかない。明治四〇年代以降から大正時代にかけては、経常業務となったのは古裂整理と経巻修理であり、調査は必ずしも前面には出ていない。学術に理解の深い森鷗外総長の在任中に行われた楽器調査（大正九年〈一九二〇〉）や大矢透《おおやとおる》による古訓点調査（大正五〜一一年）、そして明治三三年（一九〇〇）から開始された東京大学史料編纂所による古文書調査（成果は、『大日本古文書』編年文書一〜二五〈正倉院文書。明治三四年〜昭和一五年刊〉、『同』家わけ十八　東大寺文書一〜三〈東南院文書。昭和一九・二七・二九年刊〉、四〈東大寺開田図。昭和四〇・四一年刊〉、『正倉院文書目録』、『荘園絵図聚影』）なども、外部の専門家によるものである。

この間、正倉院内部では、古裂整理が進捗《しんちょく》し、前節に紹介した「整理済古裂明細帳」に記載が蓄積されていった。専門家による調査研究とは性格を異にするが、多様な宝物に適切な名称を与え、ものの特性に応じた修理方法を工夫して、体系立った管理を行うためには、ものと記録方法の両面にわたる、現場に根ざした知識が不可欠である。宝物の一部では、この明細帳が現在でも調査書の代わりとなっている。正倉院の中に醸成された経験知を、人から人へと受け継ぐためのメソッドの確立は、現代の教育システムのなかではなかなか難しいが、その余風は、いまも職員のなかに残っているように思う。

大正一三年（一九二四）からは、正倉院御物調査書の作成が始まっている。昭和二年（一九二七）の秋季曝涼時からは、石田茂作《いしだもさく》（帝室博物館鑑査官、のち奈良国立博物館長）が調査を担当し、正倉院では松嶋順正（のち正倉院事務所保存課長）が石田を補佐した。両氏による調査書作成は、戦後の昭和二六年まで継続した。この調査の目的は、管理上の必要性という点に尽き、悉皆調査の先には宝物台帳の作成を展望する。しかし、調査項目は、宝物の所属・名称・数量・品質・形状（必要に応じて図示）・寸法・重量・由緒・銘文・特徴など詳細であり、調査を担当された石田・松嶋両氏の該博な知識が惜しみなく注がれている。内部の眼で、すなわち保存管理に責任をもつ当事者によって、体系的な調査が進められ、成果が蓄積された点で、この仕事の意義は大きく、これが戦後の正倉院における前提となった。宝物の荷造り・疎開の期間に、調査書作成が中断したように、周辺諸情勢の変動の影響は当然としても、戦前戦後の正倉院の仕事に質的断絶があるわけではない。事業としては、調査書作成は現在に至るまで連綿と絶えず続いている。

戦後の特徴のなかで、もっとも目立つのが、専門家による科学的調査として、調査そのものが前面に躍り出たことであろう。換言すれば、正倉院が、管理者として自主的に特別調査を企画立案することが、ここから始まったのである。

報告書
『正倉院薬物』（昭和30年，植物文献刊行会）
『正倉院の楽器』（昭和42年，日本経済新聞社）
『書陵部紀要』７（昭和31年）
『書陵部紀要』５（昭和30年）
『書陵部紀要』４（昭和29年）
『書陵部紀要』９・11（昭和33・34年）
『書陵部紀要』８（昭和32年）
『書陵部紀要』７～13（昭和31～37年）
『正倉院の絵画』（昭和43年，日本経済新聞社）
『正倉院の書蹟』（昭和39年，日本経済新聞社）
『正倉院のガラス』（昭和40年，日本経済新聞社）
『正倉院の紙』（昭和45年，日本経済新聞社）
『正倉院の陶器』（昭和46年，日本経済新聞社）
『正倉院の羅』（昭和46年，日本経済新聞社）
『正倉院の大刀外装』（昭和52年，小学館）
『書陵部紀要』11，14，19，26（昭和34・37・42・49年）
『正倉院の伎楽面』（昭和47年，平凡社）
『正倉院の刀剣』（昭和49年，日本経済新聞社）
『正倉院の組紐』（昭和48年，平凡社）
『正倉院の漆工』（昭和50年，平凡社）
『正倉院の金工』（昭和51年，日本経済新聞社）
『正倉院の木工』（昭和53年，日本経済新聞社）
『正倉院年報』３（昭和56年）
『正倉院年報』６（昭和59年）
『正倉院年報』９（昭和62年）
『正倉院年報』10（昭和63年）
『正倉院年報』13（平成３年）
『正倉院年報』14（平成４年）
『正倉院年報』16（平成６年）
『正倉院年報』18（平成８年）
『図説 正倉院薬物』（平成12年，中央公論新社）
『正倉院紀要』22（平成12年）
『正倉院紀要』23（平成13年）
『正倉院紀要』25（平成15年）
『正倉院紀要』28（平成18年）

特別調査一覧

調査項目	調査期間
薬物第１次	昭和23（1948）～26年
楽器	昭和23～27年
建築	昭和24・30年
金工第１次	昭和25～27年
密陀絵	昭和25～28年
漆工第１次	昭和28～30年
材質	昭和28～30年
古裂第１次	昭和28～37年
絵画	昭和31～33年
書蹟	昭和31～34年
ガラス	昭和34～36年
紙第１次	昭和35～37年
陶器	昭和37～39年
羅	昭和37～43年
大刀外装	昭和38～40年（41年実測）
古裂第２次	昭和38～47年
伎楽面	昭和40～42年
刀身	昭和41～43年
組紐	昭和43～45年
漆工第２次	昭和43～45年（48年補足）
金工第２次	昭和45～47年
木工	昭和47～49年（50年補足）
木材材質	昭和51～53年
竹	昭和54～56年
植物（雑）	昭和57～58年
石製宝物	昭和59～60年
瑇瑁	昭和61～62年
真珠	昭和63～平成１年（1989）
繊維	平成２～３年
螺鈿	平成４～５年
薬物第２次	平成６～７年
鳥	平成８～９年
年輪年代	平成10～11年
刺繍	平成12～13年
皮革	平成14～16年
紙第２次	平成17～20年

昭和二三年に実施された薬物と楽器の調査が、その幕開けとなった。調査が進むにつれて、基本的方針もしだいに形をなしていったようである。その骨子は、特別調査は第一級の専門学者・実技家・自然科学者による、権威ある科学的総合調査とする。調査の成果は、報告書として提出を求め、刊行公開する、というものであった（別記、特別調査一覧）。時期は秋の曝涼期間（新宝庫建設後は秋季定例開封）中の数日、一テーマの期間は二、三年とした。また、勅封倉外の対象品が多い古裂の調査は、期間をやや長くとった継続的調査としている。調査の記録をみると、昭和四九年までは、一開封に複数の特別調査が実施されており、その忙しさはいかばかりかと思われる。最近二〇年余の調査しか知

らない私の想像が及ぶところではない。

調査成果は、昭和三〇年代の終わりまでは、主に『書陵部紀要』誌上で単行論文の形で公開された。同紀要には、正倉院事務所での経常業務を紹介する「正倉院年報」も毎号付載され、第七号は正倉院特集となっている。これに続く時期には、テーマごとの特別調査報告書は、昭和三九年の『正倉院の書蹟』から、五三年の『正倉院の木工』まで、大型の美術出版の体裁で刊行された。その後は、『書陵部紀要』から独立した『正倉院年報』（昭和五三年度〜。一九号から誌名を『正倉院紀要』に変更）が、主たる成果発表の場となっている。

一方、戦前からの流れをくむ、内部職員による経常的調査についてはどうか。器物類については、昭和四〇年頃までに、ひとわたり調査が完了した。引き続き二巡目の調査や、各種の補足的調査、たとえば宝物残材類の調査などへ移行し、修理・模造などに際して新たな知見が得られるたびに、旧来の調査書に、新たなデータが追加・更新される。染織品については、展開整理事業の進捗に伴い、調査書も充実していった。経巻の調査は昭和三〇年から、正倉院文書調査は昭和五〇年から始められた。正倉院文書調査の成果を、写真・解説として紹介したのが、昭和六三年に刊行が開始された『正倉院古文書影印集成』（八木書店刊）であり、経巻調査の成果にもとづき、聖語蔵経巻のカラー画像を紹介したのが、平成一二年から出版が開始された『宮内庁正倉院事務所所蔵　聖語蔵経巻』（丸善株式会社刊）である。

また、昭和四八年度からは、保存科学担当として、はじめて自然科学分野の定員がおかれることになった。東西両宝庫の建設の前後から、大気汚染の急速な進行による保存環境悪化が問題化し、また宝物が一二〇〇年以上にわたって保管されてきた正倉を離れて、鉄筋コンクリート造の宝庫に移納されるという未曾有《みぞう》の変化にも対応しようとしたものである。

最後に、近年の調査の特徴についてまとめてみよう。

経常の調査としては、宝物の修理・整理や模造などの事業、あるいは管理上の必要に応じて実施されるものが大半を占め、その成果が事業の質を向上させるためにフィードバックされる。宝物から学んだことは、宝物自身にお返しして保存に役立てるのである。

調査の手法は大きく変化した。専門職員による自然科学的な調査手法が、X線分析機器導入を皮切りに、顔料や金工品など無機材料の分析調査、さらに有機材料分析へと、宝物全般に拡大され、経常調査における重要項目として定着した。より精度の高い調査・修理をめざして、各種光学機器を使用するのは、あたりまえのことになりつつある。さらに、各研究員の出身分野における専門性を尊重することは当然だが、同時に、殻に閉じこもることなく、専門外の分野にも積極的に関わってもらう異分野協業が、正倉院では進行中である。

あとがき・参考文献

私の経歴はシンプルである。生まれた家で、昭和五八年四月の就職まで二六年暮らし、宮内庁正倉院事務所採用（保存課調査室）の後、奈良に二五年。平成二〇年四月から今の職にある。「生え抜き」と言って下さる方がいる。ということは、「井の中の蛙《かわず》」とおっしゃる向きも必ずやおいでであろう。どう背伸びをしても、自分の見聞きし、承知している範囲の、正倉院の話しかできないのは確かである。

東京で古代史を学びながら学生時代を過ごした者にとって、正倉院の文書は、限りない魅力を湛《たた》えた存在であったし、昭和五六年の東京国立博物館「特別展　正倉院宝物」は印象に残っている。しかし、正倉院の中に身をおいて、当事者として仕事をする、ということは、まったく別のことである。その意味が体に染み込むには、入所してからでもそれなりの時間が必要だと思う。日常の、上司・先輩の指導のもとに行う業務はもちろん重要だが、そのほかにも、宝物に向かい合う張り詰めた一刻と、和気に満ちた寛《くつろ》ぎの時間の緩急、正倉院流の立ち居振る舞いなど、次第に周りの空気に慣れるなかで、正倉院の人間に育っていく。当時は、そんなことに思いを巡らす余裕がなかったが、今、新人たちの様子を見ると、昔の自分の姿が映し出される思いがする。

思えばその頃から、先輩方の昔語りにはつよく興味を引かれた。私が入所した頃には、永らく正倉院に奉職され、「生き字引」と称された松嶋順正氏が、宝物調査員としてご健在であり、数々の昔話を伺ったものである。事実の断片として「知っている」ことが、その時代をご存じの方の話を聞いた途端に、生命を吹き込まれて立体的な像を結ぶことがある。パズルのピースが正しい位置に並び、絵柄が浮かび上がった瞬間は、歴史の醍醐味ともいえる。

そんなわけで、私が正倉院の勉強のために手に取った本（概説・通史）や論文のなかでも、正倉院の諸先輩の書かれたものは、格別の味わいがある。本書執筆に際してもたびたび参照させていただいたが、若い頃には、素直に、知識を得るために読んだものである。この種のものを掲げよう。

和田軍一監修『正倉院』一・二（岩波写真文庫四〇・五六、岩波書店、一九五一・五二年）

和田軍一『正倉院』（創元選書、創元社、一九五五年）

和田軍一『正倉院夜話』（日経新書、日本経済新聞社、一九六七年）

和田軍一『正倉院案内』（吉川弘文館、一九九六年、『正倉院夜話』を改訂）

後藤四郎『正倉院の歴史』（日本の美術一四〇、至文堂、一九七八年）

後藤四郎「平安初期の正倉院について」（『正倉院年報』一、一九七九年）

関根真隆『正倉院の宝物』（保育社カラーブックス七六三、一九八八年）
関根真隆『天平美術への招待』（吉川弘文館、一九八九年）
関根真隆『正倉院への道』（吉川弘文館、一九九一年）
柳雄太郎「東大寺献物帳と検珍財帳」（『南都仏教』三一、一九七三年）
柳雄太郎「正倉院北倉の出納関係文書について」（『書陵部紀要』二七、一九七六年）
柳雄太郎「献物帳についての基礎的考察」（『ミュージアム』三三九、一九七九年）
柳雄太郎「献物帳と紫微中台」（『書陵部紀要』三二、一九八一年）
松嶋順正『正倉院よもやま話』（学生社、一九八九年）
武部敏夫「近世の正倉院開封」（後掲松嶋・木村監修『正倉院と東大寺』所収、一九八一年）
熊谷公男「正倉院宝物の伝来と東大寺」（後掲松嶋・木村監修『正倉院と東大寺』所収、一九八一年）
熊谷公男「正倉院宝物帳外品の伝来について」（『正倉院年報』五、一九八三年）
橋本義彦『正倉院の歴史』（吉川弘文館、一九九七年）
米田雄介『正倉院宝物の歴史と保存』（吉川弘文館、一九九八年）
米田雄介『正倉院と日本文化』（歴史文化ライブラリー四九、吉川弘文館、一九九八年）
米田雄介『正倉院宝物の故郷』（大蔵省印刷局、一九九九年）
米田雄介『正倉院宝物と平安時代』（淡交社、二〇〇〇年）

米田雄介・樫山和民『正倉院学ノート』（朝日選書六二三、一九九九年）
米田雄介・木村法光『正倉院の謎を解く』（毎日新聞社、二〇〇一年）
北啓太「献物帳管見」（『正倉院紀要』三〇、二〇〇八年）
杉本一樹『日本古代文書の研究』（吉川弘文館、二〇〇一年）

つぎに、正倉院宝物を通観するための図書を紹介したい。

私が入所してまもなく、長くスタンダードの位置を占めていた原色版図録、通称「朝日の三冊本」の増補改訂作業が開始され、初めて本格的な宝物解説（分担して旧版解説を補訂。一部新稿）を体験した。この後、約一〇年を隔てて、姉妹編である「朝日染織」も増訂版が刊行された。染織品は、自分の専門からもっとも遠い分野であったが、解説の読み合わせ会議を通じてなんとか食いつこうとしたことは、無駄ではなかったと思う。

このちょうど中間の時期、平成四年の夏から、新図録の刊行準備が開始された。通称「毎日一〇冊本」である。まず、各巻の責任者を定め、台帳写真カードの総めくりを行って、採用する図版を決定していく作業——当時「紙芝居」と称した——からスタートした。調査室は中倉を分担することとなり、私は中倉Ⅰ（武器武具・文書ほか）の担当となった。新規分の写真撮影、レイアウトの検討、解説原稿執筆、読み合わせ、キャプションに盛り込むデータの検討など、多くの作業を抱えながら、年三冊のペース（三ヵ月に一冊、ただし秋は開封行事のため刊行なし）を守るのは、小規模の事務所にとっては相当な難事であったが、『正倉院御物目録』に準拠しつつ宝物の全容を示す図録が刊行されたのは初めてのことであり、完成後は、本を作ったわれわれ自身が重宝するものとなった。

もちろん、正倉院宝物の学術的調査の成果は、これとは別に、各分野の専門家の論考を集めて大型の単行本として出版されている（二一六ページ参照）。われわれ自身、もっとも大きな拠り所とするのは、この種の報告書と、『正倉院紀要』（年報）に掲載された論文である。

正倉院の全容となると、前記の宝物図録に加えて、文書・経巻があって完結する。この両部門の出版は、私が正倉院に勧めだしてから始まったことで、現在も刊行中である。

宮内庁正倉院事務所編『正倉院宝物』全三冊（朝日新聞社、増補改訂版一九八七～八九年）
宮内庁正倉院事務所編『正倉院宝物』染織全二冊（朝日新聞社、増補改訂版二〇〇〇～〇一年）
宮内庁正倉院事務所編『正倉院宝物』全一〇冊（毎日新聞社、一九九四～九七年）
宮内庁正倉院事務所編『正倉院古文書影印集成』（八木書店、一九八八年～）
宮内庁正倉院事務所編『聖語蔵経巻』（丸善株式会社、二〇〇〇年～）

従来、正倉院宝物は、天平の美術工芸、唐代文物、シルクロードといったキーワードと関連づけられて、美術全集の一冊として取り上げられることが多かった。このなかで正倉院の研究職員が分担して編集にあたった次のシリーズは、それぞれの個性があらわれ、正倉院の日常も垣間見えるように思う。

松本包夫監修『正倉院とシルクロード』（太陽正倉院シリーズⅠ、平凡社、一九八一年）
阿部弘監修『正倉院と唐朝工芸』（太陽正倉院シリーズⅡ、平凡社、一九八一年）
松嶋順正・木村法光監修『正倉院と東大寺』（太陽正倉院シリーズⅢ、平凡社、一九八一年）
関根真隆監修『正倉院と天平人の創意』（太陽正倉院シリーズⅣ、平凡社、一九八一年）
週刊朝日百科『皇室の名宝』一〜五　正倉院　北倉・中倉・南倉・染織・文書と経巻（木村法光・三宅久雄・成瀬正和・尾形充彦・杉本一樹責任編集、朝日新聞社、一九九九年）
松本包夫編『正倉院の染織』（日本の美術一〇二、至文堂、一九七四年）
松嶋順正編『正倉院の書跡』（日本の美術一〇五、至文堂、一九七四年）
阿部弘編『正倉院の楽器』（日本の美術一一七、至文堂、一九七六年）
関根真隆編『正倉院の木工芸』（日本の美術一九三、至文堂、一九八二年）
松本包夫編『正倉院の錦』（日本の美術二九三、至文堂、一九九〇年）
木村法光編『正倉院の調度』（日本の美術二九四、至文堂、一九九〇年）

成瀬正和編『正倉院宝物の素材』（日本の美術四三九、至文堂、二〇〇二年）
尾形充彦編『正倉院の綾』（日本の美術四四一、至文堂、二〇〇三年）
杉本一樹編『正倉院の古文書』（日本の美術四四〇、至文堂、二〇〇三年）
西川明彦編『正倉院宝物の装飾技法』（日本の美術四八六、至文堂、二〇〇六年）
北啓太監修『正倉院の世界』（別冊太陽一四三、平凡社、二〇〇六年）

職員の著作ばかりあげたのは、外部の研究を軽視しているわけではない。正倉院内部の研究者にとって、もっとも重要なのは、広い視野に立つ多方面への関心をもつこと、外からの目で、正倉院について新たな事実を掘り起こしてくれる方々との連携・交流だと思う。その意味で、以前から多くのことを教わってきた論著のいくつかをあげておきたい。

『正倉院の研究』（『東洋美術特輯』、飛鳥園、一九二九年）
『東京国立博物館百年史』（本編・資料編、東京国立博物館、一九七三年）
岸俊男「東大寺をめぐる政治的情勢」（『日本古代政治史研究』、塙書房、一九六六年）
栗原治夫「正倉院曝涼と四通の曝涼目録」（『大和文化研究』一二—一、一九六七年）
栗原治夫「正倉院蔵礼服礼冠と国家珍宝帳」（『書陵部紀要』二一、一九七〇年）

福山敏男「東大寺の諸倉と正倉院宝庫」（『日本建築史研究』、墨水書房、一九六八年）
皆川完一「正倉院文書の整理とその写本――穂井田忠友と正集――」（『続日本古代史論集』中、一九七二年）
高橋隆博「明治八・九年の『奈良博覧会』陳列目録について」上・下（『史泉』五六・五七、一九八一・八二年）
東野治之『正倉院』（岩波新書　赤一一〇四、岩波書店、一九八八年）
東野治之『遣唐使と正倉院』（岩波書店、一九九二年）
西洋子『正倉院文書整理過程の研究』（吉川弘文館、二〇〇二年）
川上貴子「国家珍宝帳の書」（『正倉院紀要』二七、二〇〇五年）
湯山賢一「『国家珍宝帳』の書風をめぐって」（『正倉院展目録』、二〇〇六年）

本書の企画は、平成一七年にさかのぼる。正倉院展の特別協力に入った読売新聞社を通じて、中央公論新社を紹介され、同社新書編集部から高橋真理子氏が来所されたのがきっかけである。最初は別分野での一冊をイメージされていたようで、私の出番ではないと暢気《のんき》に構えていたところ、話の転がり具合で、お引き受けすることとなった。しばらく前から、正倉院事務所の若い人が使える教科書のようなものをいつか書いてみたい、という思いがあったので、執筆を進める間も、多少その点を意識した。ただし、個々の記述にきちんと注をつけることができず、直接・間接含めてお世話になった多くの方のお名前も挙げられなかったので、学術的には不十分なものとなった。あとは、読み物として気楽にお読みいただければ、と思うのみである。

最初の頃、打合せを行った庁舎（昭和事務所。本書第6章参照）は、執筆の間に姿を消し、早くも歴史の中の一齣となってしまった。数年来、ご開封の後しばらくは暑い日が続くことが続き、今年、金木犀の香が漂いだしたのも、正倉院展の出陳宝物の事前点検を始めた頃からだった。

平成二〇年一〇月　開封中の正倉院事務所にて

杉　本　一　樹

補　　論

私がこの本（同名の中公新書版。以下原著と呼ぶ）を書いたのは、平成二〇年（二〇〇八）の夏であった。当時のメモを探してみると、そこには「執筆八月末〜」とあった。原著奥付は一〇月三〇日。短期間で書いたのは間違いないが、本当だろうか。

当時、この本を書いた動機を「あとがき・参考文献」に記した。「教科書」は、そこに書いた通りであるが、もう一つ、自身としては「施政方針演説」として書いた、という思いがある。所長昇任後の、最初の開封中の出版を目指したのも、そういう背景あってのことだった。

いま一七年の年月を隔てて記しつつあるこの補論は、原著をアップデートするためのものではない。二度目のあとがきである。当たり前のことだが、「もう一度」あとがきを記すことができたのは、まずは自身が息災に過ごして無事定年退職の日を迎え（平成二九年三月末）、しかも過去の著作を今あらためて認めていただいた、という二重の幸運あってのことである。望外の喜びというのがふさわしい。

職業人として歩み始めた昭和五八年（一九八三）以降、私の経歴は「正倉院で何をしたか」がほとんどすべてである。同じ職場で長く過ごし、職責も次第に重みを増していくにつれて、それは「正倉院事務所が何をしたか」と重なっていく。原著は、その移行期のなかの転換点を示す個人的指標であった（「前半」の思い出話は、先頃『史学雑誌』コラム〈杉本「正倉院事務所旧庁舎の頃」『史学雑誌』一三三編三号コラム　歴史の風、二〇二四年〉に載った）。

構成・内容は、ほぼすべて私が決めた。ただ一つ、副題の「歴史と宝物」は編集側の提案である。私のなかからは、この表現は出てこない。「歴史」と「宝物」とを、天秤の両側に載せるイメージは今でもまったく湧かない。だが、待てよ。もしかすると、先にこの「歴史と宝物」が示され、それだけを頼りに闇雲に進んだ結果が本書だったのかもしれない。

あらためて、各章を振り返ってみたい。

第1章　正倉院とは何か？

いきなり「インドでの国際セミナー」だが、単に奇をてらっただけではない。

正倉院在職中、公務の関係で普段お目にかかる相手は、大半が「正倉院を知っている」方々であった。研究上のお付き合いとなれば、東アジアまで範囲を拡げても、同様であった。

そんななか、シルクロード上のインド、というテーマで開催されたセミナーで発表の機会をいただいた。いろいろな分野で研究の第一線に立つ、しかも正倉院については必ずしも知っているかどうか分からない、という聴衆が対象である。どのような概説が受容されやすいか、というのが当初の課題設定であった。さらに、研究対象としてだけではなく、保存管理・調査研究・国際的な情報発信という現実の問題についても言及したかった。

発表の前後から閉幕まで、不得手な英語に囲まれた状態で、散々な目に遭った記憶だけが残る。しかし、その後の仏教聖地の巡訪を含む旅は、かけがえのない経験となった。現在に至るまで仏教経典と長く付き合うなかで、そこに語られている現地に立った実感は、ますます重みを増している。

さて、宝庫の中で宝物が伝世したことの持つ意味は、本章と第3章で簡単に言及しただけで、他章ではまとまって触れていない。

原著刊行の翌々年にあたる平成二二年、奈良県では平城遷都一三〇〇年が祝われた。その喧噪が一段落した平成二三年から二六年にかけて、屋根瓦の葺替えを主とする正倉整備工事が行われた。大正二年（一九一三）に、創建以後初めてとなる全解体修理を受けてから一〇〇年経過しての修理という位置づけだが（本書二七頁）、工事と学術的調査とが一体化して進んだ初めての事例でもある（杉本「特集　正倉院正倉整備工事　まえがき」『正倉院紀要』三八、二〇一六年）。

第2章　宝物奉献をめぐって―献物帳の世界

正倉院に関する概説書で、本章の話題に触れないものはない。私の目指したのも、オーソドックスなものであり、昭和の末、奉職して日の浅い頃に読んだ種々の概説が、この本の骨肉をなしていると感じる。多少なりともオリジナリティーがあるのは、献物帳の書風について述べた部分であろうか。

本章に関わる論考として、原著では直前に発表された北啓太氏の論考に拠って述べたが、以後も、長く奈良国立博物館で正倉院展の主担当をつとめられた内藤栄氏の論（「聖武天皇の持戒と正倉院宝物の献納」『南都仏教』一〇〇、二〇一八年）など、魅力的な解釈が発表されている。毎年の正倉院展の際に刊行される同展目録（奈良国立博物館編集）の冒頭には、その年の出陳品の紹介を交えた総説が置かれるが、最先端の「概説」を定点観測するポイントとして有用である。

第3章　宝物の保管と利用―「曝涼帳」の時代

宝物の初回奉献から一〇〇年。その間、都は長岡京・平安京へと移り、平城京は旧都となる。正倉院にとって大きな動きのあった時代である。原著の時点では、東大寺大仏の近くから出土した鉄剣が国家珍宝帳に「除物」とある陰陽宝劔であると判明する以前のことで、私自身の「除物」論も、最終的に、光明皇后一二五〇年御遠忌の年に発表した見解に至るまで、その後しばらく迷走する（杉本「光明皇后と正倉院宝物」『論集　光明皇后―奈良時代の福祉と文化―』ザ・グレイトブッダ・シンポジウム論集九、二〇一一年）。

七七頁以下に紹介した鐘江宏之氏の見解は、その後『正倉院文書研究』誌上で公表された（「延暦十三年における正倉院薬物出倉に関する一考察」『正倉院文書研究』一七、二〇二一年）。中間のコラムの中では、延暦一二年曝涼使解の説明で「造東大寺司がみえなくなっている」（八七頁）と書いたが、延暦八年に造東大寺司が廃止されたことを念のため記すほうがよかった。また、本章全般で扱った内容を別の角度から分析した古尾谷知浩氏の研究がある（『律令国家と天皇家産機構』塙書房、二〇〇六年）。

第４章　帳外品の由来について—東大寺の資財と造東大寺司関係品

第一節に記した大仏開眼会の儀式については、その後も考える機会があり、開眼会関係品も最大限どこまで拡げられるかの推定とともに小文にまとめた（杉本「大仏開眼会と正倉院宝物」『講座　畿内の古代学』Ⅴ、雄山閣、二〇二四年）。一一四頁に言及のある、宝庫の創建年代に関する試案は（原著が初出ではないが）、それなりに支持されることが多いようである。ほかに、聖武天皇の喪葬儀礼についても研究上の関心が寄せられている。

最後に、麻布を例に挙げて、東大寺の財源としての封戸由来のものを想定した。その後、布の特別調査への参加を機に、正倉院の調庸銘を再検討する機会を得て、そこから松嶋順正氏の『正倉院宝物銘文集成』の第三部「調庸関係銘文」の補訂版（杉本「正倉院繊維製品と調庸関係銘文」前編・後編・図版編『正倉院紀要』四〇〜四二、二〇一八〜二〇年）および関連論文（杉本「正倉院繊維製品の調庸関係銘文をめぐって」『歴史のなかの東大寺』東大寺の新研究二、法蔵館、二〇一七年）を発表することができた。

ここまでの三つの章で、「由緒の明らかな品」から「由緒が想定されるグループ」まで、「由緒」主義に基づく宝物の分類が終わる。最後の「中入り」は、こうして宝庫に集まった品々が、その後どのように長い歳月を過ごしたか、という話題への繋ぎであるが、大袈裟に言えば私の歴史理解のモデルを提示した一文である。「現在」と「過去」の両方の視点から見る、という基本姿勢である以上、本書に内在する「現在」が、原著執筆時でフィックスされるのは当然であろう。

第5章　宝庫・宝物の一千年―平安～江戸末期

「年表を拾い読み」と書いたとおり、本章の内容は、文字通り年表から生まれた。項目ごとに、原典に当たり、肉付けをしていったものである。

一九七八年に刊行された、学習研究社版の『日本美術全集　第5巻　天平の美術2』には、「正倉院年表」が付され、松本包夫氏作成と記されている。出典が記されていて便利なものである。松本さんは、若い頃に書陵部紀要の正倉院特集（昭和三一年）にも同名の年表を発表されており、いわばお家芸である。中身は見たことはないが、手許に自作資料をお持ちであった。

今なら、構内に立つ聖語蔵の建築時期が、鎌倉時代の部分に補記されるべきであろう。治承兵火ののち、一二世紀末に再興された東大寺尊勝院の経蔵という由緒を持つが、近年の特別調査によって、復興過程のなかではやや遅れて、約半世紀後の一三世紀中頃の建築という判定が出されるに至った。

そうでなくとも、この章に含まれる時代は長く、関係史料の探索はまだ先が長い。

一部は原著でも言及したが、中世以降では、東大寺聖教典籍や寺誌記録類、朝廷の記録や公家の日記、近世に入っては加えて奉行所周辺の史料など、いまだ手付かずの分野が多く残されている。私が直接調査したのは、入所早々に武部敏夫所長のお手伝いでメモを取った宝物容器の銘文など、ごくわずかな範囲に過ぎない。

なお、本章で各項目の頭に冠した「菱形」は、松嶋順正氏が前記『銘文集成』のなかで、使用された記号（割菱）であり、松嶋さんへのオマージュである。いま私が、松嶋さんが最後まで勤められた「宝物調査員」の任にあるのも、何かのご縁だろう。ただし、インターネット検索全盛時代の「生き字引」というのは、「滅多に使われない」意味不明の存在かもしれないが。

第6章　近現代の正倉院

「教科書」という喩えにはもう一つ、「読者には面白くない部分も、必要であれば書く」という含みがある。従来の概説書であまり触れられてこなかった近現代の叙述は、事業の沿革を庁内で説明する際など、必要に応じて調べたことがもとになっている。近代の文書管理や稟議決裁方式のイメージが、内容構成の着想に影響を及ぼしているのかもしれない。また、『東京国立博物館百年史』の影響が強いことは、一目瞭然である。一八二頁の記述については、「……宮内省の専管とすることに決まった。いったん本省の直轄となり、同一二月には正倉院宝庫掛が置かれている。翌一八年七月一〇日、宝庫は宮内省図書寮の主管となった。」とするほうがよいとのご教示を頂いた。

堅苦しい記述が続くため、それを少しでも和らげるために挿入したのが、一八四頁以下のコラムである。職員の「正倉院マインド」は、少し距離をおいて見守る立場からは幸いに健在と見えるが、現職には現職の苦労が絶えないことだろう。

同じく「緊張緩和」の目的で、本章には比較的多く原著の挿図を残した。一九五頁の挿図に示した聖語蔵。構内現位置への移築の時期は、宮内省側の記録による限り、明治二九年ということになるが、東大寺に残る寺院由緒什宝物明細帳（明治三五年一〇月）には尊勝院旧跡にあり、という記事も見えるようで、実施の正確な時期は不明とせねばならない。

一九七頁挿図（下）キャプションで「隣に完成した屏風装」としたのは、早とちりである。これは「台紙貼りした幡脚端飾（函装一四号）」とすべきであった。

補論のはずが正誤表、となってきたが、乗りかかった船である。

第四節で、『正倉院御物目録』における、宝物の三倉への配当について記したくだり。【南倉】の番号を追っていくと、二〇五頁に入って、途中が繋がらない箇所がある。ここは「楽器」のあとに脱があり、「楽器・楽枠（南倉98～117）」とすべきであった。これに続く櫃類の記述では、その後の悉皆調査の成果（飯田剛彦・佐々田悠「正倉院櫃類銘文集成（一）―古櫃―」『正倉院紀要』四一、二〇一九年）があるので、興福寺古材櫃のうち五合は宝物としてカウントされている、との訂正が必要である。

本章、とくに第五・六節は、原著での「現在」までで停止している。本来、「成長点」を含む内容だから、更新された情報は、別のところで見ていただくほかはない。

さて、今回の復刊のお話があったとき、最初はちょっとした逡巡を覚えた。原著の、新書という手軽なスタイルへの愛着や、電子書籍版として引き続き同じ版元から販売されていることが理由の一つ。もう一つが、再録に際しては「読みなおす日本史」版共通の方針に従って、口絵・挿図を絞り込む必要があったことである。

結局、どちらも問題なし、と判断したが、写真については、最近の正倉院ホームページの存在が大きい。三七頁に記したアドレス（https://shosoin.kunaicho.go.jp/）は、原著時点と変わらないが、平成一五年初にスタートさせた内容から、数次のシステム改修を経て、格段に使いやすく充実したものとなっている。

振り返ると、原著が呼び水となったのだろうか。刊行後しばらく、一般向けの書籍を執筆する機会が続けて訪れた。平成二二年六月に山川出版社の日本史リブレット『正倉院宝物の世界』が刊行、平成二二年四月〜二三年六月の雑誌連載をまとめたものが『正倉院　あぜくら通信』として淡交社から二三年九月に刊行された。「教科書・副読本・学級通信の三部作」と僭称する小著三冊（奥付頁参照）は、かくも狭い時間のなかで生まれたものである。

翻って今の状況を見ると、原著から削った写真、副読本のリブレットに詰め込んだ写真は、ほとんどすべてがホームページ上で見られる。「あぜくら通信」の名は、正倉院事務所の日常の一齣を切り取った写真コーナーのタイトルに採用してもらった（さすがに英文ページでは直訳ではなくShosoin News）。そして今、原著がこのような形で再生することが決まり、懐旧の情を満たすだけの内向きの理由で顧慮すべきものは何もなくなった。

原著時点で課題となっていた国際的な情報発信は、英文ページが完成して大きく前進した。写真と解説、展覧会への出陳歴まで知ることができる「正倉院宝物検索」には、近年「文書検索」が加わり、強力なツールとなっている。保存管理・調査研究を両輪とする、事務所のしごとの内容は、ホームページに載っている各年の「正倉院紀要」をまず参照すべきである。また、二一六〜二一七頁で書きさしとなっている「特別調査」、事務所・職員の編著を中心とする「書籍紹介」、外での活用の可能性を広げつつある「模造事業」。これらについては、独立してホームページ内の各コーナーに整理されている。

平成一四年度に突貫工事で行った、全宝物のデータ集約やシステムの基本設計が、基礎となってその後に活かされたと思えば、嬉しい限りである。

変化は、正倉院そのもの以上に、そこに関わる人に、より大きな影響を与える。補論のために読み返すなかで目に浮かんだ顔で、鬼籍に入られた方も少なくない。

原著は、過去と現在をつなぐ範囲が対象で、もとより未来のことまでは考えていなかったが、思いがけないところから中身が古びていく。例えば、二一八・二二四頁で触れた聖語蔵経巻のカラー画像出版は、遠からず完了する。退職後の、宝物調査員としての主務が、この出版事業の予備調査であったのに、終わりのある事業というイメージが希薄なまま最終段階に至っている。「年賀状発売のニュース」も往時の季節感を喪失した。地球温暖化のせいか、一〇月初頭はまだ夏の続きである。第6章コラムに記したように、金木犀の香りが、ご開封の予兆となることは、ずっと先までないのかもしれない。

（令和七年二月）

本書の原本は、二〇〇八年に中央公論新社より刊行されました。

著者略歴

一九五七年　東京都に生まれる
一九八三年　東京大学大学院人文科学研究科博士課程中退
元宮内庁正倉院事務所長、博士（文学）

〔主要編著書〕
『日本古代文書の研究』（吉川弘文館、二〇〇一年）、『正倉院美術館　ザ・ベストコレクション』（共編著、講談社、二〇〇九年）、『正倉院宝物の世界』（日本史リブレット、山川出版社、二〇一〇年）、『正倉院あぜくら通信―宝物と向き合う日々』（淡交社、二〇一一年）、『正倉院宝物―一八一点鑑賞ガイド』（新潮社、二〇一六年）

読みなおす日本史

正倉院
歴史と宝物

二〇二五年（令和七）四月十日　第一刷発行

著者　杉《すぎ》本《もと》一《かず》樹《き》
発行者　吉川道郎
発行所　株式会社　吉川弘文館
郵便番号一一三―〇〇三三
東京都文京区本郷七丁目二番八号
電話〇三―三八一三―九一五一〈代表〉
振替口座〇〇一〇〇―五―二四四
https://www.yoshikawa-k.co.jp/
組版＝株式会社キャップス
印刷＝藤原印刷株式会社
製本＝ナショナル製本協同組合
装幀＝渡邉雄哉

ISBN978-4-642-07807-8

刊行のことば

現代社会では、膨大な数の新刊図書が日々書店に並んでいます。昨今の電子書籍を含めますと、一人の読者が書名すら目にすることができないほどとなっています。ましてや、数年以前に刊行された本は書店の店頭に並ぶことも少なく、良書でありながらめぐり会うことのできない例は、日常的なことになっています。

人文書、とりわけ小社が専門とする歴史書におきましても、広く学界共通の財産として参照されるべきものとなっているにもかかわらず、その多くが現在では市場に出回らず入手、講読に時間と手間がかかるようになってしまっています。歴史の面白さを伝える図書を、読者の手元に届けることができないことは、歴史書出版の一翼を担う小社としても遺憾とするところです。

そこで、良書の発掘を通して、読者と図書をめぐる豊かな関係に寄与すべく、シリーズ「読みなおす日本史」を刊行いたします。本シリーズは、既刊の日本史関係書のなかから、研究の進展に今も寄与し続けているとともに、現在も広く読者に訴える力を有している良書を精選し順次定期的に刊行するものです。これらの知の文化遺産が、ゆるぎない視点からことの本質を説き続ける、確かな水先案内として迎えられることを切に願ってやみません。

二〇一二年四月

吉川弘文館

読みなおす日本史

- 鎌倉幕府の転換点 『吾妻鏡』を読みなおす　永井　晋著　二二〇〇円
- 奈良の寺々 古建築の見かた　太田博太郎著　二二〇〇円
- 日本の神話を考える　上田正昭著　二二〇〇円
- 信長と家康の軍事同盟 利害と戦略の二十一年　谷口克広著　二二〇〇円
- 軍需物資から見た戦国合戦　盛本昌広著　二二〇〇円
- 武蔵の武士団 その成立と故地を探る　安田元久著　二二〇〇円
- 天皇家と源氏 臣籍降下の皇族たち　奥富敬之著　二二〇〇円
- 卑弥呼の時代　吉田　晶著　二二〇〇円
- 皇紀・万博・オリンピック 皇室ブランドと経済発展　古川隆久著　二二〇〇円
- 日本の宗教 日本史・倫理社会の理解に　村上重良著　二二〇〇円
- 戦国仏教 中世社会と日蓮宗　湯浅治久著　二二〇〇円
- 伊達政宗の素顔 筆まめ戦国大名の生涯　佐藤憲一著　二二〇〇円
- 武士の原像 都大路の暗殺者たち　関　幸彦著　二二〇〇円
- 海からみた日本の古代　門田誠一著　二二〇〇円
- 鳴動する中世 怪音と地鳴りの日本史　笹本正治著　二二〇〇円
- 本能寺の変の首謀者はだれか 信長と光秀、そして斎藤利三　桐野作人著　二二〇〇円
- 餅と日本人 「餅正月」と「餅なし正月」の民俗文化論　安室　知著　二四〇〇円
- 古代日本語発掘　築島　裕著　二二〇〇円
- 夢語り・夢解きの中世　酒井紀美著　二二〇〇円
- 食の文化史　大塚　滋著　二二〇〇円
- 後醍醐天皇と建武政権　伊藤喜良著　二二〇〇円
- 南北朝の宮廷誌 二条良基の仮名日記　小川剛生著　二二〇〇円

吉川弘文館
（価格は税別）

読みなおす日本史

武田家三代 戦国大名の日常生活
笹本正治著
二二〇〇円

正倉院 歴史と宝物
杉本一樹著
二二〇〇円

猫絵の殿様 領主のフォークロア
落合延孝著
（続 刊）

日本幼児史 子どもへのまなざし
柴田 純著
（続 刊）

吉川弘文館
（価格は税別）